Gestion de projets dans un monde en évolution

Carlos Fernández Araque

Pour mes parents, qui m'ont toujours soutenu et cru en moi,

peu importe ce que je veux accomplir dans ma vie.

Copyright © 2021 par Carlos Fernández Araque
Tous droits réservés.

TABLE DES MATIÈRES

BLOC 1 : Gestion de projets dans un monde en évolution 7
Qu'est-ce qu'un projet ? 12
Pourquoi devrais-je apprendre la gestion de projet ? 19
Les processus de gestion de projet 22
Gestion de projet dans l'entreprise 27

BLOC 2 : Initiation et définition du projet 33
Objectif principal du projet 36
Business case 39
Gouvernance du projet 43
Contrats et accords initiaux 48
Document de charte de projet 57

BLOC 3 : Planification du projet 61
Méthodologies 64
Contenu du projet 71
Estimation et planification 75
Coûts du projet 80
Plan de qualité 85

Triangle d'équilibre Coût – Temps – Qualité 93

Planification des ressources 96

Plan de communication 103

Gestion des risques 107

BLOC 4 : Exécution et contrôle du projet 111

Communication du projet 114

Mesurer les progrès 119

Rapports exécutifs 123

La gestion du changement 128

Résoudre les problèmes courants du projet 133

BLOC 5 : Fermeture du projet 140

Produit final / prestation de service 143

Acceptation finale du client 148

Leçons apprises et info historique précieuse 152

A propos de l'auteur 154

Références 155

BLOC 1 : Gestion de projets dans un monde en évolution

Il ne fait aucun doute que **les nouvelles technologies changent notre culture et notre mode de vie**. Nous pouvons le voir dans nos routines quotidiennes. La façon dont nous communiquons avec les gens, nous travaillons, nous faisons du shopping, nous apprenons de nouvelles compétences, la façon dont nous recherchons n'importe quoi en quelques secondes... tout.

Ce fait nous oblige à nous réinventer constamment et nous maintient « dans cette roue » qui fait tout avancer.

Ce n'est étrange pour personne l'idée que nous gérons constamment le temps, les personnes, les tâches à accomplir et contrôlons les coûts et la durée de ces tâches, afin d'obtenir les résultats souhaités.

Même si vous n'essayez pas de concentrer votre carrière sur la gestion de projet, apprendre à définir, planifier, exécuter et contrôler un nouveau projet est une compétence très précieuse que tout le monde devrait acquérir dans sa vie. Que ce soit pour vos objectifs personnels ou pour fournir un nouveau produit ou service à vos clients, dans tous les cas, quelqu'un est toujours nécessaire pour s'assurer que tout est correctement fait.

Nous vivons tous **dans un monde changeant et évolutif**, où personne ne peut prédire exactement quel genre de nouvel avenir nous attend, ni même à quelles choses nous serons obligés de faire face.

Cependant, il est clair que ceux qui avaient déjà acquis des compétences en gestion pour atteindre tout type d'objectif ont plus de chances de réussir dans ce futur à venir, vous ne pensez pas ?

Carrière, objectifs personnels, tout ce que nous devons faire pour continuer notre vie, quel que soit le scénario. Notre vie et notre monde changent toujours d'une manière ou d'une autre, et le **changement signifie de nouveaux projets**.

TOP 10 des projets 2021 les plus influents classés par le Project Management Institute (PMI) :

PROJET	SECTEUR	DESCRIPTION
Vaccins ARNm COVID-19	Santé	Pour les vaccins anti-coronavirus à diffusion rapide
La grande expérience de travail à domicile	-	Pour accélérer le passage qui mijote depuis longtemps vers des modalités de travail plus flexibles
Donnez-lui 100 %	Gouvernement	Pour avoir créé un cadre pour pérenniser l'économie mondiale des océans
Covax	Santé	Pour avoir agi en tant que conscience mondiale de l'équité mondiale en matière de vaccins
Dollar de sable	La finance	Pour avoir établi la première monnaie numérique soutenue par le gouvernement
Jeux olympiques d'hiver de 2022	Divertissement	Plan de développement durable des Jeux olympiques et paralympiques d'hiver de 2022 à Pékin
Métro de Riyad	Mobilité	Pour avoir introduit la puissance des transports publics dans la plus grande ville d'Arabie saoudite
"Quand tu te vois" NFT	Divertissement	Pour intégrer les jetons non fongibles dans le courant musical
Île de l'énergie	Énergie	Pour révolutionner les énergies renouvelables en Europe
Mission équipage-1	Espace	Pour faire passer les vols spatiaux commerciaux dans une nouvelle dimension

Source : https://www.pmi.org/most-influential-projects-2021/50-most-influential-projects-2021

Quel que soit le défi ou la difficulté d'un projet, de l'organisation des Jeux olympiques à la peinture de votre appartement. Les deux ont besoin d'un objectif clair, d'une planification, d'une exécution bien contrôlée et d'un résultat tangible. Tout cela a besoin de quelqu'un qui s'assure que tout est fait dans les délais, les coûts et la qualité. Celui qui est en charge est…..devinez qui ☺.

Qu'est-ce qu'un projet ?

OK mais avant tout, qu'est-ce qu'un projet exactement ? Beaucoup de gens interprètent mal ce concept, car il est utilisé dans le monde entier pour presque toutes les tâches à effectuer par une personne ou une équipe de travail.

Une quantité de travail ou une composition de plusieurs tâches qui doivent être faites ne sont pas nécessairement un projet. Nous pouvons le voir dans de multiples tâches périodiques en cours de toute entreprise, entreprise ou organisation, comme la fermeture d'un exercice financier dans un service comptable, ou la réception d'un nouveau stock de matériaux d'un fournisseur et leur inventaire dans un entrepôt.

Ce sont toutes des tâches opérationnelles, nécessaires à une entreprise ou à toute organisation pour survivre et continuer à gérer ses activités.

Selon la définition du PMI, **un projet est un effort temporaire entrepris pour créer un produit, un service ou un résultat unique**. Par conséquent, comme nous pouvons le remarquer, ses deux caractéristiques principales sont les suivantes :

1) <u>Chaque projet a un début et une fin</u>
   Temporaire ne signifie pas nécessairement que la durée du projet est courte. Il fait référence à l'engagement du projet et à sa pérennité. Temporaire ne s'applique généralement pas au produit, service ou résultat créé par le projet. La plupart des projets sont entrepris pour créer un résultat durable.

2) <u>Chaque projet produit un produit / service / résultat unique</u>
Un effort de travail continu est généralement un processus répétitif qui suit les procédures existantes d'une organisation. En revanche, en raison de la nature unique des projets, il peut y avoir des incertitudes ou des différences dans les produits, services ou résultats créés par le projet.

Voici des exemples de ce que serait un projet :

- Développer un nouveau produit ou service sur le marché.
- Amélioration d'un produit ou d'un service existant.
- Mettre en œuvre, améliorer ou renforcer les processus et procédures d'entreprise existants.
- Construire un bâtiment, une usine industrielle ou une nouvelle infrastructure.
- Développer une nouvelle solution software pour une nécessité d'entreprise.

Que signifie gérer un projet ?

Tout projet a besoin d'une personne en charge de s'assurer que tout le travail est effectué dans les limites du budget, dans les délais et avec le contenu nécessaire au service/produit/résultat final. L'application des connaissances, des compétences et des techniques pour entreprendre des activités de projet afin de répondre aux exigences du projet est essentiellement ce que nous pouvons appeler la « gestion de projet ».

La gestion d'un projet comprend généralement, mais sans s'y limiter :

- Identification des besoins.
- Répondre aux besoins, aux préoccupations et aux attentes des parties prenantes dans la planification et l'exécution du projet.
- Mise en place et réalisation de communications entre toutes les parties prenantes impliquées de quelque manière que ce soit dans le projet.
- Gérer les parties prenantes pour répondre aux exigences du projet et créer tous les livrables nécessaires.
- Équilibrer les contraintes concurrentes du projet : comme le contenu, le calendrier, le budget, la qualité, les risques, les ressources…etc. La relation entre ces contraintes est telle que si un facteur change, au moins un autre facteur est susceptible d'être affecté.

Par exemple, si le calendrier du projet doit être raccourci, le budget doit souvent être augmenté afin d'ajouter des ressources supplémentaires nécessaires pour effectuer la même quantité de travail en moins de temps. Si une augmentation du budget n'est pas possible, le contenu initial ou la qualité ciblée peuvent être réduites pour livrer le résultat final du projet en moins de temps avec le même montant budgétaire.

La gestion de projet est une discipline conçue pour faciliter le changement, et sa valeur augmente lorsqu'elle est utilisée avec d'autres pratiques commerciales de pointe dans n'importe quelle industrie.

Le rôle du project manager

Le project manager a le rôle principal dans tout projet. Il ou elle est la personne désignée pour diriger l'équipe responsable de la réalisation de tous les objectifs du projet.

Le project manager a la responsabilité de la définition, de la planification, de l'exécution, du suivi et de la fermeture d'un projet, dans toute entreprise ayant une Contenu, un budget et une date de fin définis, quel que soit le secteur.

De plus, les project managers sont le premier point de contact pour tout problème ou divergence émanant des parties prenantes impliquées.

En général, les project managers ont la responsabilité de satisfaire les besoins : besoins des tâches, besoins de l'équipe et besoins individuels. La gestion de projet étant une discipline stratégique critique, le project manager devient le lien entre la stratégie et l'équipe.

RÉSUMER

✓ Toutes les tâches effectuées par quelqu'un ou une équipe ne sont pas nécessairement un projet.

✓ Les projets sont définis comme des travaux qui ne se produisent qu'une seule fois pour créer un produit, un service ou un résultat unique, et qui ont à la fois un début et une fin clairs.

✓ La gestion d'un projet signifie l'application de connaissances, de compétences et de techniques pour s'assurer que tout le travail est effectué dans les limites du budget, dans les délais et avec le contenu nécessaire dans le service/produit/résultat du projet final.

- ✓ Ce rôle est assuré par l project manager, qui dirigera l'équipe chargée d'atteindre tous les objectifs du projet, ainsi que d'équilibrer toutes les contraintes concurrentes du projet.

Pourquoi devrais-je apprendre la gestion de projet ?

Comme nous pouvons tous l'imaginer, la gestion de projet **est une compétence clé pour mieux atteindre vos objectifs personnels,** quels qu'ils soient. C'est une capacité de carrière essentielle pour tout secteur d'activité ou d'industrie, qui assure un travail efficace et bien fait, car elle aligne et coordonne également les objectifs en fonction des objectifs commerciaux.

Pensez-y un instant. Toutes les industries et entreprises devront toujours définir des objectifs, les planifier correctement et les exécuter en tant que projets en fonction de leurs besoins commerciaux et de leurs objectifs de croissance et d'expansion.

La gestion de projet améliore et améliore toutes vos connaissances et compétences personnelles, tout comme les forces des autres. Considérez qu'il s'agit d'une discipline conçue pour faciliter le changement, et sa valeur augmente lorsqu'elle est utilisée avec d'autres pratiques commerciales de premier plan.

De plus, apprendre la gestion **de projet, c'est acquérir toutes les soft-skills clés nécessaires à la réussite** d'un projet :

- Communication efficace
- Direction
- Construction d'équipe
- Planification
- Estimation
- Contrôler
- Gestion des parties prenantes
- La prise de décision
- Négociation
- Renforcement de la confiance
- La gestion des conflits

- Encadrement

Ainsi, comme vous pouvez le constater, développer toutes ces compétences dans votre vie et votre carrière améliorera sûrement votre avenir, quel que soit votre domaine ou votre spécialisation professionnelle. Gérer des projets est toujours synonyme de bien faire les choses.

RÉSUMER

✓ La gestion de projet est une compétence clé pour mieux atteindre vos objectifs personnels, et améliore toutes vos connaissances personnelles et autres compétences.

✓ Toutes les industries et entreprises devront toujours gérer les projets en fonction de leurs objectifs et objectifs.

✓ Apprendre la gestion de projet signifie acquérir de nombreuses compétences générales nécessaires à la réussite d'un projet, quel qu'il soit.

Les processus de gestion de projet

La plupart des projets peuvent être structurés selon les processus liés suivants, chacun avec un résultat spécifique :

1. Définition
2. Planification
3. Exécution et contrôle
4. Fermeture

La quantité de travail à faire varie selon le processus de projet que vous êtes. Comme nous pouvons le voir dans le graphique suivant, le coût et le travail à faire par l'équipe de projet sont tellement plus élevés lorsque nous sommes au milieu de l'exécution du projet.

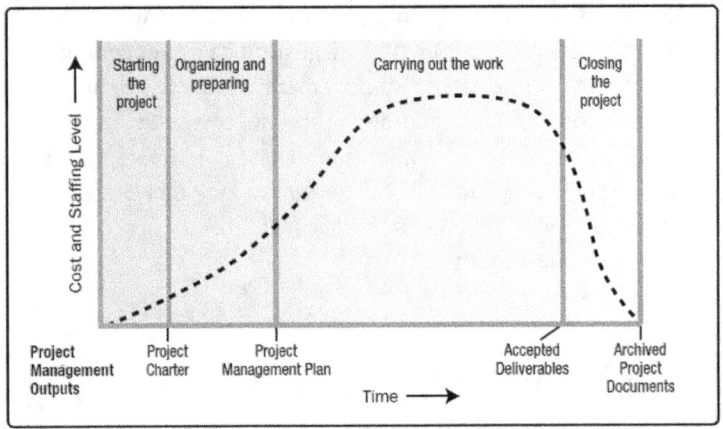

Cela signifie que tout changement ou modification de l'objectif ou du contenu du projet pendant le processus d'exécution supposera autant de travail que de comparer s'il se produit pendant un processus plus initial comme la définition ou la planification du projet.

Définition du projet

Avec ce processus initial, nous définissons formellement l'existence du projet ainsi que ses limites et ses principales objectives et caractéristiques. En d'autres termes, « *ce que nous voulons réaliser* ».

Son principal résultat est généralement ce que l'on appelle communément la **charte de projet,** dans laquelle tous les objectifs du projet, les livrables, le budget initial et la date de livraison souhaitée sont définis pour lancer officiellement un projet.

Planification

Ce processus suivant définit, prépare et coordonne tous les plans nécessaires dans un **plan de gestion de projet complet.** Son résultat principal est un document central qui définit la base de tout le travail du projet (Contenu, calendrier, qualité, risques, ressources, communication, etc.), qui sera utilisé comme guide ou feuille de route tout au long de l'exécution du projet pour le project manager et toutes les parties prenantes impliquées.

Exécution et contrôle

Il s'agit du processus de direction et d'exécution des travaux définis dans le plan de gestion de projet et de mise en œuvre de toute le contenu approuvée pour atteindre les objectifs du projet. En outre, les project managers doivent généralement surveiller et contrôler chaque aspect du travail effectué afin de s'assurer qu'il est effectué avec la qualité attendue, dans les délais et dans les limites du budget convenu pour tous les **livrables du projet.**

Fermeture du projet

Tous les projets doivent être correctement clôturés en s'assurant que tous les livrables sont formellement acceptés par le client/sponsor, ainsi qu'archiver tous les documents et enregistrements précieux générés dans le projet qui peuvent être utilisés à l'avenir comme leçons apprises.

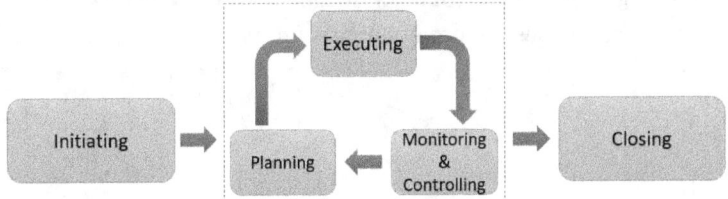

RÉSUMER

- ✓ La plupart des projets peuvent être structurés en 4 processus principales liés : Initiation, Planification, Exécution & Contrôle et Fermeture. La quantité de travail à effectuer varie en fonction du processus de projet que vous gérez.

- ✓ Le processus d'initiation définit tous les objectifs du projet et les principales limites, car il autorise officiellement l'existence du projet dans un document de charte de projet.

- ✓ Le processus de planification consiste à élaborer le plan de gestion de projet, qui sera utilisé pendant toute l'exécution du projet comme feuille de route à suivre pour tous les aspects importants à prendre en compte pour atteindre le résultat attendu du projet.

- ✓ Pendant l'exécution et le contrôle de tout le travail à faire dans le projet, le project manager doit surveiller et contrôler chaque aspect du travail effectué afin de s'assurer qu'il est fait comme initialement défini.

- ✓ Le processus de fermeture est enfin dédié à l'acceptation formelle de tous les livrables du projet, ainsi qu'à l'enregistrement de toute la documentation et des leçons apprises au cours du projet pour les futurs.

Gestion de projet dans l'entreprise

Lorsqu'il s'agit de gérer et d'exécuter des projets au sein d'une entreprise, quelle que soit son activité, l'importance de la gestion de projet est encore plus grande et notoire. Tous les employeurs et entrepreneurs ont besoin d'un minimum de confiance et de sécurité dans les projets que leurs entreprises entreprennent. Ce sont les principales raisons pour lesquelles la plupart des entreprises décident de formaliser ces techniques de gestion dans un domaine bien défini : **Project Management Office (PMO).**

Le bureau de gestion de projet (PMO) est une structure ou un département de gestion qui normalise les processus de gouvernance liés aux projets, ainsi que facilite les ressources, les méthodologies, les outils et tout ce qui pourrait être nécessaire pour définir, planifier, exécuter et contrôler correctement tout projet au sein de l'entreprise. Les responsabilités d'un PMO peuvent également inclure la responsabilité effective de la gestion directe d'un ou de plusieurs projets.

Par conséquent, les principales **fonctions du PMO** dans une entreprise devraient être :

- Conduire des projets stratégiques et prioritaires pour l'entreprise.
- Coordination de la gestion du portefeuille en fonction des priorités décidées par le Conseil.
- Reporting exécutif et suivi de tous les projets de l'entreprise.
- Faciliter le soutien et les ressources aux autres départements pour réaliser leurs propres projets et objectifs.

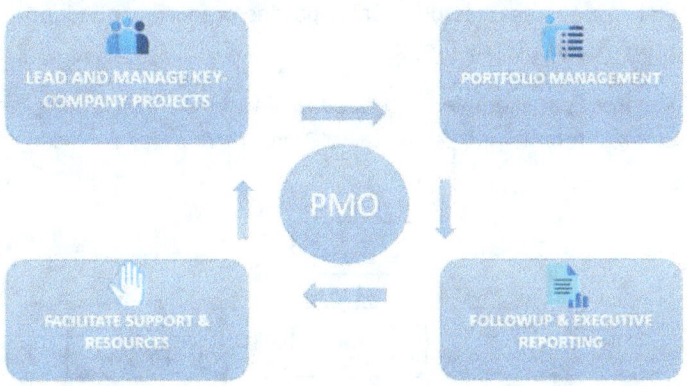

Influences organisationnelles

La culture d'une organisation, son style et sa structure influencent tellement la façon dont les projets sont exécutés. Les entreprises organisent ou relient constamment des postes et des départements, dans le but d'accomplir des objectifs commerciaux, qui impliquent la plupart du temps d'entreprendre des projets. La culture et le style d'une entreprise affectent toujours la façon dont elle mène ses projets.

Ces facteurs doivent également être pris en considération lors de l'initiation et de la planification des projets, car ils influenceront ensuite les conditions considérées comme acceptables pour l'exécution des travaux et les autorités reconnues qui prennent ou influencent les décisions.

De plus, les communications internes, la hiérarchie et les structures de l'entreprise affecteront sûrement la manière dont les projets seront gouvernés, en particulier lorsqu'il s'agit d'obtenir et de maintenir l'approbation du responsable et l'engagement des principales parties prenantes pendant toute l'exécution du projet.

Regardez par exemple sur ces deux instances d'organisations, et les différents postes que la PMO occupe dans les deux cas :

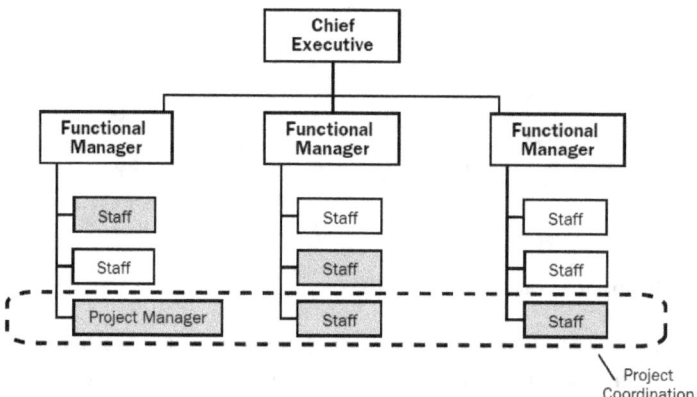

Dans ce premier scénario, la gestion de projet est dirigée et coordonné par un membre d'un département spécifique de l'entreprise, qui sera chargé de coordonner tous les processus du projet et de tenir informé le reste de l'équipe de projet des autres départements.

Cependant, dans ce deuxième exemple, nous pouvons voir comment le bureau de gestion de projet est beaucoup mieux reconnu et installé au sein de la structure de l'entreprise, de sorte que chaque projet aura un project manager bien défini, qui peuplera l'équipe de projet appropriée avec le personnel nécessaire de différents services concernés par le projet.

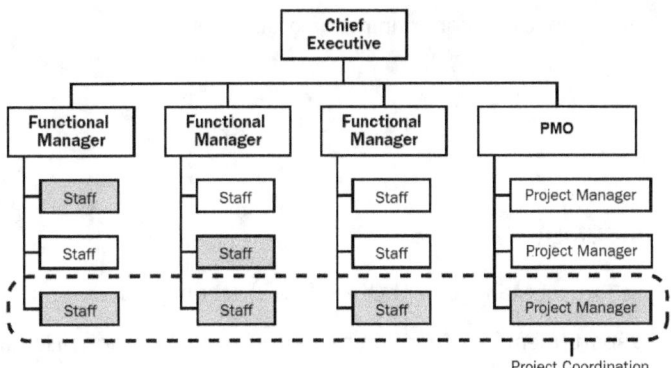

Les facteurs environnementaux de l'entreprise

Certains autres facteurs dans l'entreprise qui ont souvent un impact sur la façon dont les projets sont gérés sont généralement :

- Répartition géographique des installations et des ressources.
- Gouvernement, normes de l'industrie et organismes de réglementation/lois.
- Installations et infrastructures.
- Politiques existantes en matière de ressources humaines et de formation continue.
- Conditions du marché.
- Tolérances au risque des parties prenantes.
- Architecture des systèmes informatiques et outils de planification des ressources d'entreprise (ERP).

- Canaux de communication établis.

RÉSUMER

- ✓ Le Project Management Office (PMO) est une structure ou un département au sein d'une entreprise qui normalise la gestion de ses projets.

- ✓ Ses principales fonctions sont généralement non seulement de diriger et de coordonner des projets clés de l'entreprise, mais aussi de coordonner la gestion de portefeuille en fonction de priorités marquées, ainsi que le reporting exécutif, le suivi de l'avancement des projets ou de faciliter le support et les outils pour d'autres projets de l'entreprise.

- ✓ Les PMO sont généralement influencés par la culture de l'entreprise et les facteurs environnementaux de l'entreprise, qui auront un impact sur la manière dont les projets sont gérés.

BLOC 2 : *Initiation et définition du projet*

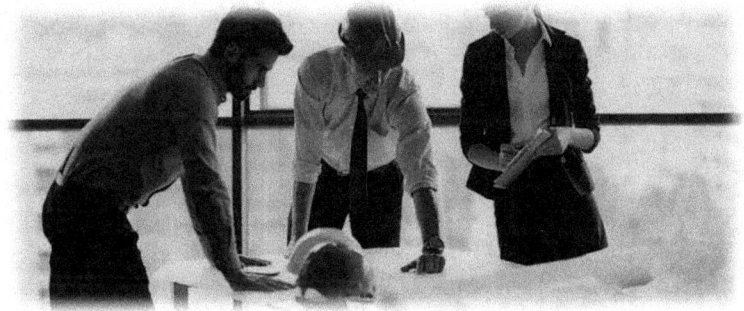

Dans ce premier bloc du processus de gestion de projet, nous commencerons par décrire comment un projet commence, comment naît et pourquoi. Et bien sûr, comment réussir à démarrer correctement et conformément aux attentes des clients et des autres parties prenantes dès la minute 0.

Au cours du processus de définition d'un projet, le contenu initial est défini et les ressources financières initiales sont également engagées, une fois que toutes les parties prenantes sont bien informées à son sujet et sur son objectif principal.

S'il n'est pas déjà désigné, le project manager sera normalement sélectionné par un directeur ou un membre de la direction d'une entreprise, bien que ce cas puisse varier en fonction de la situation ou du type ou de l'entreprise (petite/grande entreprise, agence indépendante, etc).

L'objectif principal est d'aligner les attentes des parties prenantes sur l'objectif du projet, de leur donner une visibilité sur le contenu et les objectifs.

Dans le cas où le périmètre initial d'un projet est jugé trop large ou trop long, il peut généralement être divisé en différentes phases, chacune d'entre elles devant alors avoir son propre objectif, une planification et un calendrier bien différenciés.

En général, avoir une définition initiale claire du projet aidera à définir la vision du projet, ce qui doit être accompli et qui entreprendra ce travail.

Objectif principal du projet

Un projet commence toujours par un objectif spécifique, une nécessité ou le désir de quelqu'un, comme lancer commercialement un tout nouveau modèle de baskets pour les basketteurs, mettre à jour un portail web officiel du gouvernement utilisé pour les contribuables, ou même organiser des jeux olympiques dans un pays.

La proposition de projet lance le projet lui-même, quelle que soit la raison de cette proposition. Il peut naître en raison de différents types de nécessités, en fonction de l'activité ou de l'industrie à laquelle appartient une entreprise. Exemples de ces raisons :

- **Objectifs stratégiques**

    Les objectifs du projet clé de l'entreprise peuvent résulter de décisions stratégiques prises par les administrateurs, afin d'atteindre les objectifs de l'entreprise sur le marché qu'elle opère, comme modifier son offre commerciale ou démarrer une nouvelle activité commerciale pour augmenter ses bénéfices.

- **Nouveaux produits ou services**

    L'une des raisons les plus courantes de démarrer un nouveau projet important est d'entreprendre le lancement commercial d'un nouveau produit ou service pour ses clients. Dans tous ces cas, il y a un travail spécifique à accomplir par différents domaines/départements dans une entreprise, et toujours un project manager doit faire cette coordination.

- **Amélioration des solutions existantes**

    Parfois, l'objectif principal est de mettre à niveau ou d'améliorer un produit ou une solution existante, depuis la modification de son prix jusqu'au renouvellement complet de ses fonctionnalités fournies aux clients.

- **Engagements réglementaires**

    Dans certains cas, un projet doit être réalisé afin de respecter les lois réglementaires du marché, de passer un audit afin d'obtenir un crédit financier ou simplement de vérifier qu'un produit ou service est entièrement conforme à certaines normes.

Dans tous les cas décrits ci-dessus, l'importance de décider d'un objectif clair et bien défini dans un projet fait une grande différence, tout en essayant toujours de le maintenir tout au long de son exécution.

RÉSUMER

- ✓ Les projets commencent toujours par un objectif spécifique, une nécessité ou le désir de quelqu'un.

- ✓ Cette proposition lance le projet, et c'est généralement le point de départ de tout le travail de gestion que le project manager doit effectuer.

- ✓ Il y a tellement de raisons différentes pour lesquelles un projet est lancé, des objectifs stratégiques des entreprises, du lancement ou de l'amélioration de produits ou services commerciaux, ou simplement de la conformité aux lois réglementaires de l'industrie.

Business case

Avant de commencer tout nouveau projet, il est obligatoire dans tous les cas d'analyser d'abord si le but du projet vaut l'investissement requis, d'un point de vue commercial.

Cela serait inutile, par exemple, si nous prévoyons de fabriquer un nouveau modèle d'automobile qui nécessite l'achat de matériaux de base spécifiques dont les coûts dépassent les bénéfices de vente attendus.

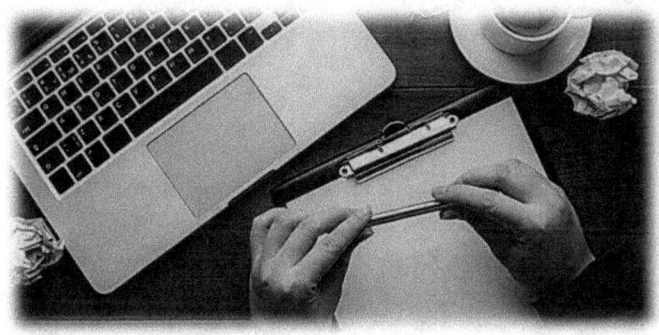

Pour la même raison, cela n'a aucun sens d'installer un nouveau magasin de produits pour bébés dans un village où la moyenne d'âge est très élevée... vous paierez probablement un loyer peu élevé pour l'endroit, d'accord, mais... vous n'aurez que très peu de clients !

Dans tout processus de lancement de projet, il est toujours nécessaire d'exécuter cette analyse initiale pour s'assurer que financièrement, cela a un sens parfait.

Les points clés qui pourraient être inclus dans presque toutes les analyses de rentabilisation sont, mais sans s'y limiter :

- Demande du marché
- Les exigences des clients
- Analyse comparative
- Avantages technologiques
- Exigences légales
- Impact écologique
- Besoin social

Les analyses de rentabilisation, or *Business cases*, sont couramment utilisées par les gestionnaires ou par tout commanditaire de projet pour la prise de décision. Ainsi, le besoin commercial et l'analyse coûts-avantages sont généralement contenus dans cette analyse de rentabilisation, afin de justifier et d'établir les limites du projet.

Par exemple, dans des cas comme les projets du secteur public, ce type d'analyse de rentabilisation est plus que nécessaire, car l'investissement initial nécessaire à son exécution peut provenir de fonds publics ou d'un soutien financier gouvernemental. Il s'agit donc toujours d'une étape critique pour s'assurer que cet investissement rapportera un profit digne selon l'objectif du projet.

Des exemples d'analyses de rentabilisation réelles avec un résultat réussi pourraient être :

Improving the Customer Experience	Accelerated Investment to enter New Markets
○ Customer service best practices, improved client experience ○ $2 NPV over 10 yrs., IRR 86%, Payback period is 2 years	○ $2m Investment plus $850,000 grant to upgrade manufacturing processes. NPV $16m ○ World's best practice, competing with imported products from the low cost Asian countries.

Customer Service Improvement	Equity Investment to Scale Up the Business
○ Investment for advanced planning and optimisation system - $700k ○ 10% sales growth, 25% reduction in inventory and 50% reduction of aged stock	○ Equity investment from its new strategic partner - $2m ○ Business growth over 200% in the first 2 years, through new channels to market and a non refusable offer

Service Planning to meet Population Growth	Business Expansion to enable Revenue Growth
○ Optimised the number and location of the customer service centres, and rebalanced the catchment areas. ○ Financial benefits NPV $6.3m.	○ New factory and office build to expand production capacity and capabilities. ○ Capital investment in new manufacturing delivering operational cost savings, increased production capacity and reduced overheads.

Les project managers ainsi que le sponsor principal sont toujours responsables de s'assurer que le projet répond efficacement et effectivement aux objectifs initialement définis par le client, tels que définis dans l'analyse de rentabilisation.

RÉSUMER

- ✓ Toutes les initiations de projets doivent analyser que son exécution sera digne d'un point de vue financier.

- ✓ Il existe autant de points pertinents qui pourraient être pris en compte dans une analyse de rentabilisation, en fonction à coup sûr de la nature du projet et des variables commerciales internes / externes.

- ✓ Les project managers doivent également s'assurer au cours de ce processus d'initiation du projet que l'analyse de rentabilisation est correctement réalisée avec les principales sponsors du projet.

Gouvernance du projet

L'importance d'établir une gouvernance de projet appropriée et d'identifier chaque personne impliquée ou impactée dès le début est toujours un facteur clé pour la réussite d'un projet.

Comme beaucoup d'autres scénarios dans les affaires et dans la vie en général, pour atteindre un objectif qui concerne plus d'une personne, il doit toujours y avoir une gouvernance claire et des rôles bien définis pour assurer quelle est la responsabilité de chaque membre.

Habituellement, ce sont les principales acteurs d'un projet qui doivent être définis lors de notre processus d'initiation :

- **Sponsor**
La personne ayant l'autorité formelle qui est ultimement responsable du projet. Il peut s'agir d'un cadre supérieur ou d'un client spécifique qui demande et possède la mission du nouveau projet à exécuter, de sorte que **les sponsors sont ultimement responsables du succès du projet.**
Les fonctions typiques d'un sponsor de projet sont de soutenir le project manager en publiant une charte de projet ; Participer à l'élaboration d'une matrice de responsabilité ; examiner et approuver le plan de projet et les exigences commerciales exigées ; conseiller le gestionnaire de projet sur la discussion régulière de l'état d'avancement du projet avec les gestionnaires ; et toujours maintenir la priorité des objectifs du projet.

- **Project manager**
La personne désignée pour diriger l'équipe responsable de la réalisation des objectifs du projet. En général, les project managers ont la responsabilité de satisfaire tous les besoins du projet et des parties prenantes, et deviennent généralement le lien entre la stratégie commerciale et l'équipe.
De plus, il est très utile que le project manager ne maîtrise pas seulement les connaissances et les compétences sur le sujet ou le domaine lié à l'environnement du projet. Il est nécessaire que les project managers possèdent différentes compétences générales pour gérer tous les aspects requis dans la gestion, comme les compétences interpersonnelles, le leadership, la bonne communication, la constitution

d'équipes, la négociation, l'établissement de la confiance, le coaching, les parties prenantes et la gestion des conflits entre eux… et ainsi de suite.

- **Équipe du project**
  Quelqu'un doit faire le travail, n'est-ce pas ? **Tous les groupes et individus qui consacrent du temps, des compétences et des efforts au projet sont considérés comme des membres de l'équipe.** Déterminer qui fera partie de l'équipe se produit au début du projet, lors de la définition et de la planification. Ce processus est terminé lorsque les membres de l'équipe ont convenu de leurs responsabilités et de leurs rôles dans le projet.

- **Parties prenantes du projet (*Stakeholders*)**
  Il s'agit de **toute personne impacté ou impliquée de quelque manière que ce soit par le projet**. Ils peuvent provenir de clients, d'utilisateurs, d'autres personnes affectées par les résultats obtenu par le projet…etc.

  Fréquemment, l'utilisation du mot «*Stakeholders*» désigne généralement des «domaines de gestion» dans une entreprise, des gestionnaires, des directives qui interviennent généralement dans la prise de décision et ils aiment être informés de l'état et de l'avancement des projets.

  Le project manager doit toujours tenir compte de tous les besoins, apports, idées de toutes les parties prenantes du projet pendant toute la durée du projet, en particulier dans le processus de définition et de planification.

Par conséquent, comment identifier les parties prenantes doit également être répondu en posant la question suivante : *"Qui sera affecté ou pourrait apporter une contribution au projet ?"*

Voici un exemple graphique sur les relations entre les acteurs d'un projet :

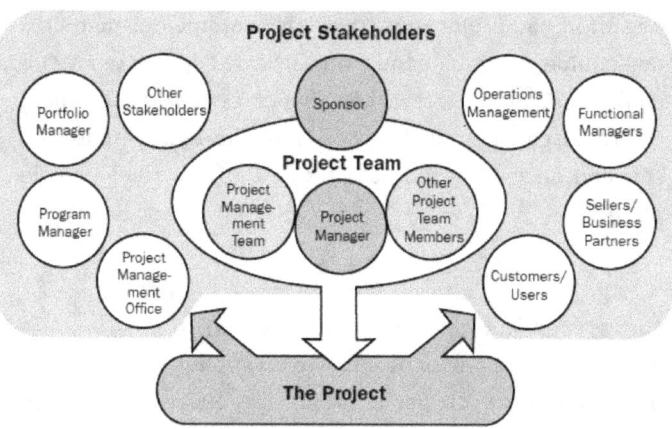

La gestion de parties prenantes est la clé d'un projet réussi, cela ne fait aucun doute, quel que soit le type ou la difficulté d'un projet. Cela est vrai parce que non seulement le succès du projet est jugé par la satisfaction des parties prenantes, mais aussi que chaque partie prenante apporte une contribution essentielle au projet.

Il appartient au project manager de mener le projet dans la bonne direction.

Le project manager doit toujours porter une attention particulière et garder à l'esprit l'importance de gérer une bonne communication entre toutes les parties prenantes pendant toute la durée de vie du projet, et toujours établir des règles de base dès le début pour éviter des points de blocage inutiles ou des retards de calendrier indésirables.

RÉSUMER

- ✓ Les principales acteurs d'un projet sont généralement au moins : le sponsor, le project manager, l'équipe de projet et tous les parties prenantes du projet.

- ✓ Les parties prenantes ou *stakeholders* sont toute personne qui est impactée par le projet ou qui pourrait apporter une contribution au projet.

- ✓ La gestion de parties prenantes est la clé d'un projet réussi.

- ✓ Il est de la responsabilité du project manager d'établir des règles de base et de maintenir de bonnes voies de communication de projet, afin d'assurer un projet réussi.

Contrats et accords initiaux

La plupart des projets doivent établir des accords initiaux avec différentes parties prenantes, comme le client, les fournisseurs, les entités publiques, les banques… etc.

Les accords peuvent prendre la forme de contrats, d'accords de niveau de service (SLA), de lettres d'accord, de lettres d'intention, d'accords verbaux, d'e-mails formels ou d'autres moyens écrits. Généralement, un contrat est utilisé lorsqu'un projet est exécuté pour un client externe.

Il existe une infinité de types de formats de contrat, mais dans presque tous, les champs obligatoires qui doivent être inclus dans un contrat avec un client sont :

- **Les Parties**
  Dans cette section initiale, toutes les parties impliquées dans l'accord et complètement décrit, leur identification officielle, et son rôle dans l'accord.

- **Récitals**
  Il s'agit généralement aussi de décrire le contexte de la nécessité de l'accord. Il peut contenir des événements récents liés, et l'objectif principal qui nécessite que cet accord ait lieu.

- **Clauses**
  Depuis ce point, le reste du corps pour l'ensemble de l'accord commence. Il peut contenir des centaines de types de clauses

différents qui peuplent l'ensemble du contrat, mais les suivantes sont généralement les plus courantes :

- Définitions et interprétations
- Références aux principales propositions
- Objet de l'accord
- Licences
- Services offerts
- Politiques de prix et de paiement
- Obligations des parties
- Droits de propriété intellectuelle
- Confidentialité
- Indemnité
- Limitation de responsabilité
- Durée et motifs de résiliation du contrat
- Force majeure
- Informations et protection des données
- Signatures de toutes les parties
- (autres documents joints référencés)

Exemple de contrat pour une convention de service :

CONTRAT DE SERVICE

LE PRÉSENT CONTRAT DE SERVICE (le présent « Contrat de service ») est conclu le ou à partir du _____ jour de _____ 2009 (la « Date d'entrée en vigueur ») par et entre iPower Systems Ltd, un intégrateur de système et une organisation de vente d'électricité d'urgence ayant des bureaux situés à 115 Wall Street, Valhalla, NY 10595 ("Vendeur"), et _____, situé à

("Client"). Les parties aux présentes conviennent par les présentes que l'accord complet entre ces parties en ce qui concerne les services envisagés par le présent contrat de service comprendra le présent contrat de service, les conditions générales énoncées à l'annexe A ci-jointe et incorporées aux présentes par référence (les "Conditions générales et conditions ») et les niveaux de service indiqués à l'annexe B ci-jointe et incorporés aux présentes par référence (les « niveaux de service »). Les termes commençant par une majuscule utilisés dans le présent contrat de service et définis dans les conditions générales ont le sens qui leur est attribué dans les conditions générales.

Étendue des travaux:

Le vendeur doit fournir les services suivants, exécutés sur les appareils et produits suivants, comme indiqué ci-dessous (collectivement, les « services ») conformément au calendrier, le cas échéant, indiqué dans le présent contrat de service.

Services fournis:

Pack IPS Gold : comprend un diagnostic général annuel de votre système d'alimentation de secours pour vérifier que tous les paramètres de l'onduleur sont corrects, ajustez-les au besoin, testez la tension des batteries, effectuez un test de charge sur les onduleurs et testez la fonctionnalité globale du système. Nettoyage de la ventilation de l'unité. Le forfait Gold comprend une assistance téléphonique illimitée, une assistance par e-mail et une assistance sur site (zone métropolitaine à trois états uniquement)

Forfait Silver - Assistance téléphonique et par e-mail illimitée

Appareils/Produits couverts : Gaia PowerTower

Les services, produits et pièces suivants ne sont pas couverts par le présent contrat de service : Dommages causés par les inondations, l'éclairage, le feu, le vol, le vandalisme et d'autres catastrophes naturelles.

Services exclus :

Le client comprend et accepte que les services requis pour récupérer des pannes et/ou des incidents causés par l'une des circonstances suivantes ne sont pas considérés comme une maintenance normale et ne sont pas couverts par le présent contrat de service :

Service et réparation rendus nécessaires en raison d'accidents ou de catastrophes naturelles, de dommages causés par le feu, l'eau, le vent, les tremblements de terre, la foudre, le terrorisme, le transport de matériel, le vandalisme ou le cambriolage ;

L'entretien et la réparation rendus nécessaires par l'altération ou la modification d'un équipement autre que celui autorisé par le Vendeur ;

Entretien et réparation des dommages ou problèmes causés par une négligence, une activité malveillante ou une mauvaise utilisation, y compris, sans s'y limiter, l'utilisation du ou des systèmes à des fins autres que celles pour lesquelles il a été conçu, par le Client, ses employés ou des sous-traitants tiers ;

Entretien ou réparation en raison de dommages électriques causés par le câblage électrique à l'emplacement du système ou résultant de surtensions, d'affaissements ou de pics électriques ;

Service et réparation rendus nécessaires par les bogues publiés par les fournisseurs de softwares, par exemple les effets indésirables de l'installation de mises à jour ou de service packs ;

Si, de l'avis raisonnable du Vendeur, étayé par son expérience, les demandes d'un utilisateur particulier dépassent une fréquence normale et raisonnable, le Vendeur peut informer le Client que les demandes de l'utilisateur sont exclues jusqu'à ce que l'utilisateur ait reçu une formation supplémentaire.

Coûts tiers exclus :

Le client comprend et accepte que les frais tiers suivants ne sont pas couverts par les frais énoncés dans le présent contrat de service et seront facturés par le vendeur au client :

La main-d'œuvre, les pièces, le matériel et les softwares non couverts par les garanties ;

Licences softwareles, frais d'abonnement ou de mise à niveau ;

Frais d'assistance du fabricant ou du fournisseur, que ce soit par contrat annuel ou par incident ;

Les frais de livraison.

Projets supplémentaires :

Le client peut occasionnellement demander des services supplémentaires ou modifiés en dehors des conditions du présent contrat de service (collectivement, les « projets supplémentaires »). Le vendeur fournira une Contenu détaillée des travaux et un devis de main-d'œuvre pour tout projet supplémentaire requis par le client. Le client sera tenu d'exécuter un ordre de modification pour tout projet supplémentaire avant que tout travail pour ce projet ne soit effectué et comprend qu'une ou plusieurs factures distinctes seront générées pour un tel travail. Voici des exemples de projets supplémentaires :

Développement, programmation, débogage ou personnalisation de softwares, sauf indication expresse dans le présent contrat de service ;

Coût pour mettre l'environnement du Client aux normes minimales requises par le Vendeur ;

Formation et coaching;

services de planification, de gestion de projets, de recherche et de consultation;

Tarification : En contrepartie des services envisagés par le présent contrat de service, le client paiera le vendeur comme suit :

Frais:

Forfait Argent - 199 $ par année

Forfait Or - 499 $ par année

Les frais de forfait seront traités à la date anniversaire de l'accord, sauf si le client annule les services dans les 30 jours suivant ladite date.

Tarifs horaires pour les services non couverts par les frais fixes : 175 $ pour la première heure, 75 $ pour chaque heure supplémentaire

Modalités et calendrier de paiement : Visa, MasterCard, American Express, chèque

Remboursement des dépenses:

Le client remboursera IPS pour tous les frais d'expédition liés au remplacement des pièces garanties sur ses systèmes Gaia Power Tower existants. Le client remboursera IPS à 0,55 cents par mile pour tout problème lié au service en dehors de la zone des trois États.

Calendrier : Sauf indication contraire dans les présentes, les services envisagés par le présent contrat de service commenceront à compter de la date d'entrée en vigueur.

Durée : la durée de ce contrat de service est la suivante :

Termes initiaux:

1 an renouvelable annuellement

Période de renouvellement :

Renouvelable annuellement à date anniversaire

Niveaux de service. L'assistance téléphonique sera disponible de 8h00 à 18h00 7 jours sur 7. Les messages laissés après les heures d'ouverture seront retournés dans les 24 heures. Le support client sur site est disponible de 9h00 à 17h00 du lundi au vendredi. Service après les heures d'ouverture/week-end disponible sur demande sous réserve de disponibilité.

Obligations du client : le client sera responsable de ce qui suit :

Le Client peut être tenu d'effectuer des étapes de diagnostic préliminaires ou de fournir des informations supplémentaires liées à une demande d'assistance, avant qu'un technicien ne soit envoyé sur le site du Client ; et

Fournir un accès adéquat à l'installation

Coordonnées:

Téléphone : 1-800-618-9774

914-449-2003

Courriel : service@ipowerltd.com

ACCEPTÉ ET CONVENU :   CLIENT :

Sélectionner:

Nom: _____

Forfait Argent 199 $ Adresse   de   facturation :
_____

Contact: _____

Signature _____

Pour créer facilement un nouveau modèle de base de contrat en fonction de vos besoins, il existe de nombreux sites Web pour cela. Essayez par exemple :

https://www.lawdepot.com/contracts/service-contract

RÉSUMER

- ✓ La plupart des projets doivent établir des accords initiaux avec différentes parties prenantes externes.

- ✓ Il existe une grande variété de types de contrats / accords formels, mais la plupart d'entre eux ont normalement ces sections : Parties, Récitals et toutes les Clauses associées.

Document de charte de projet

Généralement, afin de terminer formellement le processus d'initiation d'un projet, lorsque tous les principales points importants sont décidés et définis, il est écrit dans un document communément appelé *charte de projet*. Il contient généralement les informations suivantes :

- o   Déclaration de nécessité
- o   Business case
- o   Déclaration d'objectif
- o   Chronologie
- o   Contenu
- o   Membres de l'équipe

Une charte de projet est un document qui autorise formellement l'existence du projet et donne au project manager l'autorité suffisante pour appliquer les ressources organisationnelles aux activités du projet.

La principale raison pour laquelle ce document est créé est d'avoir un début de projet et des limites de projet bien définis, la création d'un enregistrement formel du projet et un moyen direct pour la haute direction d'accepter et de s'engager formellement dans le projet.

Les chartes de projet sont généralement signées par le sponsor (ou le propriétaire) du projet, et il est recommandé que le project manager participe également à l'élaboration de la charte de projet pour obtenir une compréhension fondamentale des principales exigences du projet.

Cette compréhension permettra une meilleure allocation efficace des ressources aux activités du projet.

Voici quelques exemples de modèles pour composer une charte de projet simple :

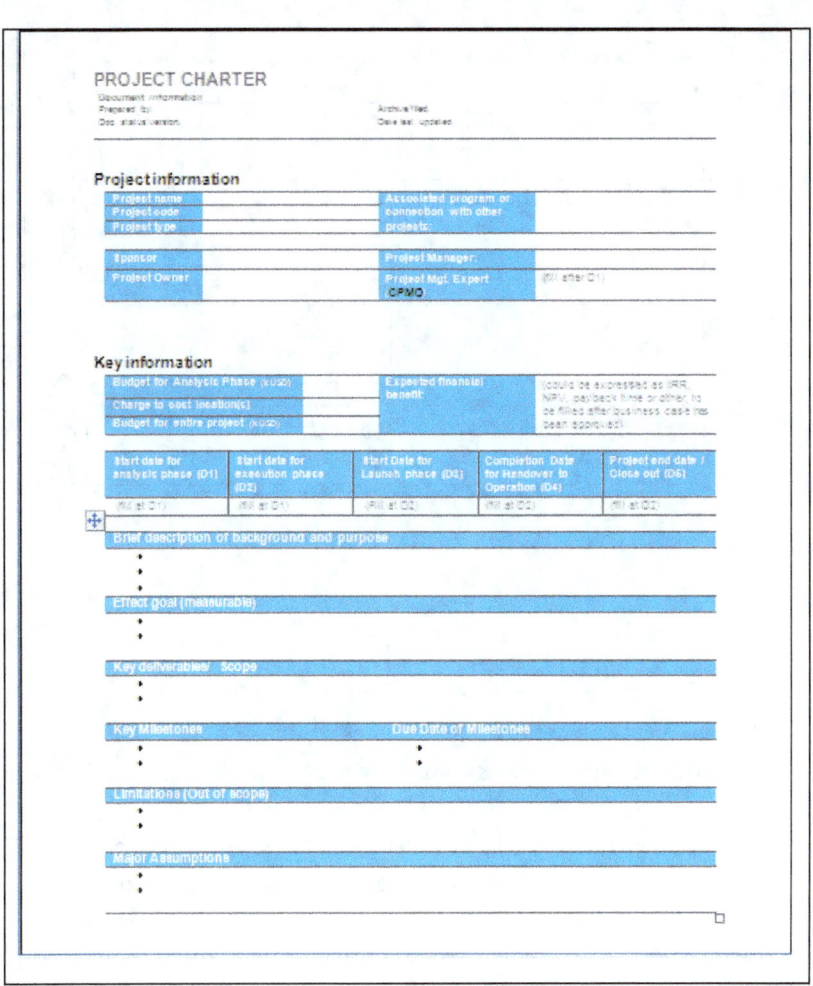

PROJECT TEAM CHARTER (There should also be a Project Plan after the charter, review the section on A Plan)	
Mission / Objective of Team	**Team Members**
What is the mission / objectives of the team?	Who are the team members and what skills do they bring?
Stakeholders	**Budget / Resources**
Responsible: Accountable: Consulted: Informed:	What is the overall budget of the project? What other internal and external resources are needed to be successful?
Major Milestones	**Governance**
When does the project start, finish? What are the big milestone dates and deliverables?	How are big decisions about budget, timing, and scope made? Are there regular steering committee meetings? Emails?
Nurturing Environment	**Norms**
What methodology is going to be used to manage the project? Waterfall, Agile? Where will the team be located? What coaching resources will be available? What can be done to improve the environment of the team?	What are the agreed to norms to make the project successful? What are those behaviors and actions that have made previous projects fail, that you want to avoid in this project (good ideas for some norms)?

RÉSUMER

✓ Une charte de projet est généralement rédigée pour terminer formellement le processus de démarrer un projet.

✓ Il est généralement signé et élaboré par le sponsor du projet, et doit contenir les principales informations du projet : objectifs, besoins commerciaux, business case, échéance souhaitée, Contenu principale et membres de l'équipe affectés.

✓ Le project manager participe généralement à l'élaboration de ce document, afin d'être au courant des informations importantes liées au projet dès le début.

BLOC 3 : *Planification du projet*

Une fois qu'un projet a été lancé et que ses objectifs sont complètement définis, comme vous pouvez l'imaginer, il est nécessaire que quelqu'un établisse un plan pour entreprendre l'ensemble du travail à faire.

De nombreuses questions peuvent nous venir à l'esprit, comme:

- *"Qu'est-ce que je dois faire exactement pour commencer?"*
- *"Combien et quelles tâches doivent être effectuées?"*
- *"Combien de personnes sont nécessaires pour finir à temps?"*
- *"Qui sera en charge de chaque tâche?"*
- *"Quand pouvons-nous terminer ce projet au plus tôt?"*
- *"Combien cela nous coûtera-t-il?"*
- *"Quels risques peuvent survenir lors de l'exécution du projet?"*

Pas mal de questions auxquelles il n'est pas facile de répondre, n'est-ce pas ? Mais ne vous inquiétez pas trop, toutes ces questions trouveront une réponse dans notre plan de projet.☺

Ce processus consiste à établir le contenu totale de l'effort, à définir comment tout le travail sera effectué et à élaborer le plan d'action requis pour atteindre ces objectifs.

Il existe différentes méthodologies qui peuvent être utilisées pour planifier et exécuter un projet, en fonction de la nature et des objectifs du projet lui-même à atteindre.

Lorsqu'un plan de projet est bien géré, il est beaucoup plus facile de suivre son cours en cours de route, et donc d'obtenir l'adhésion et l'engagement des parties prenantes.

Le principal résultat de ce processus sera le document de plan de projet. Il indiquera la feuille de route que toutes les parties prenantes du projet impliquées devront suivre pendant toute l'exécution du projet.

Méthodologies

Chaque projet a ses particularités, c'est normal. Il est complètement différent de planifier un projet de construction d'un nouveau terminal dans un aéroport international que de programmer et de publier une boutique en ligne.

Il n'est donc pas du tout étrange que la manière choisie de les planifier et de les exécuter soit également différente, vous ne pensez pas ?

Les méthodologies les plus couramment utilisées pour gérer et exécuter un projet sont celles-ci :

o **Cascade (ou classique)**
C'est la manière la plus courante et la plus classique de planifier et de gérer un projet. Il consiste en un découpage des activités du projet en phases séquentielles linéaires, où chaque phase dépend des livrables de la précédente et correspond à une spécialisation des tâches.

Ses processus de gestion les plus typiques sont : l'initiation, l'analyse, la conception, la construction/la mise en œuvre, les tests, le déploiement et la maintenance.

Pour cette raison, ces dépendances entre tâches liées, dans un planning on dessine graphiquement une silhouette en cascade.

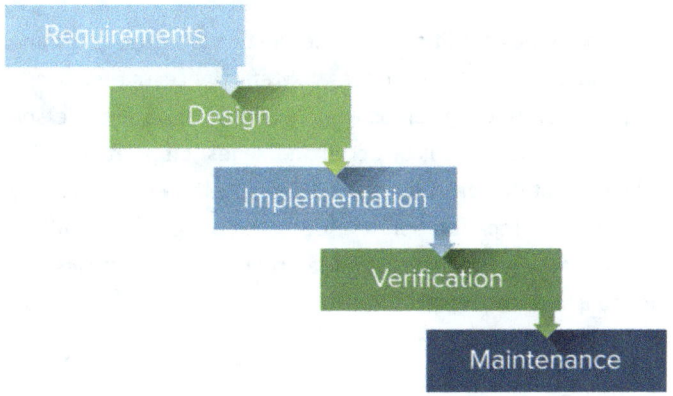

Cette approche est fréquemment utilisée dans les projets de conception technique (bâtiments, avions, ponts, navires, etc.)

et d'autres types de projets où **il est crucial que toutes les exigences soient parfaitement définies dès le début.**

Pour cette raison, le modèle de développement en cascade a été créé dans les industries de la fabrication et de la construction, où les environnements physiques hautement structurés signifiaient que les modifications de conception devenaient prohibitives au cours du processus de développement.

- **Agilité (Scrum)**
Les méthodologies agiles en général, mais plus particulièrement Scrum, sont conçues pour guider les équipes dans la livraison itérative et incrémentale d'un produit spécifique. Il se concentre sur l'utilisation d'un processus empirique qui **permet aux équipes de réagir rapidement, efficacement et efficacement au changement.**

Les méthodes traditionnelles de gestion de projet, comme Cascade, décident de tous les contenus nécessaires dans le but de contrôler le temps et les coûts tout au long de son exécution. Dans le cas de Scrum, il **fixe les temps et les coûts dans le but de contrôler les contenus.** Cela se fait à l'aide de boîtes de temps (ou sprints), de cérémonies collaboratives, d'un backlog de produit hiérarchisé et de cycles de rétroaction fréquents.

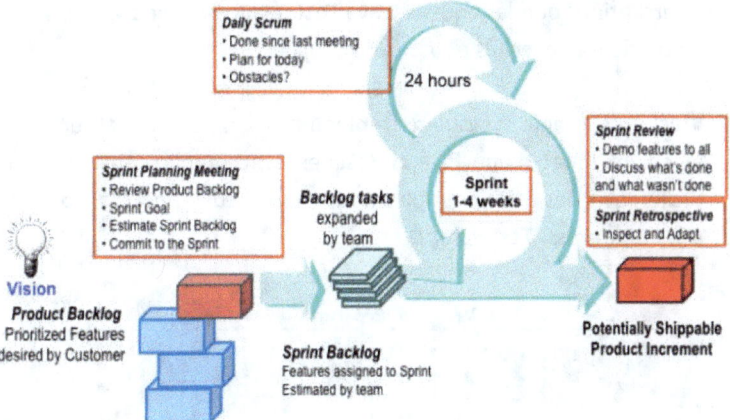

- **Lean**

    Le Lean est une méthode innovante qui vise à optimiser les processus de gestion et de production dans une entreprise qui la met en pratique. De cette façon, moins de ressources sont utilisées, de sorte que tout processus devient plus efficace. **Sa maxime est de réduire les investissements, le temps et les efforts.** Il est couramment appliqué pour lancer de nouvelles entreprises en démarrage (startups).

- **Kanban**

    Signifiant en japonais "*panneau*" ou "*panneau d'affichage*", c'est une sorte de méthodologie de fabrication Lean, née dans les usines de *Toyota, avec* **l'objectif principal d'améliorer l'efficacité de la fabrication.**

    Au cours des dernières décennies, de nombreuses entreprises ont utilisé les "*tableaux Kanban*", visant **à mieux visualiser les flux de travail et l'état des tâches,** ainsi qu'à supprimer les interruptions pendant que le travail est beaucoup mieux géré, en particulier avec les équipes de projet.

Voici un exemple typique de tableau Kanban pour visualiser et suivre l'état d'une liste de tâches à accomplir dans un projet, avec les états possibles pour chacune de : *Backlog, To Do, In Progress, Testing et Done* :

- o **Six Sigma (6σ)**
  Les stratégies Six Sigma visent à améliorer la qualité de la fabrication en identifiant et en supprimant les causes des défauts et en minimisant la variabilité des processus de fabrication et commerciaux. Disons qu'il est basé sur **des méthodes de gestion de la qualité pour l'amélioration continue du produit d'un projet.**

  Un processus six sigma est un processus dans lequel 99,99966% de toutes les opportunités de produire une caractéristique d'une pièce sont statistiquement censées être exemptes de défauts. La distribution normale sous-tend les hypothèses statistiques de Six Sigma. Plus l'écart type est grand, plus la dispersion des valeurs est grande. Les limites de spécification supérieure et inférieure (USL et LSL) sont à une distance de 6σ de la moyenne. La distribution normale signifie que les valeurs éloignées de la moyenne sont extrêmement improbables.

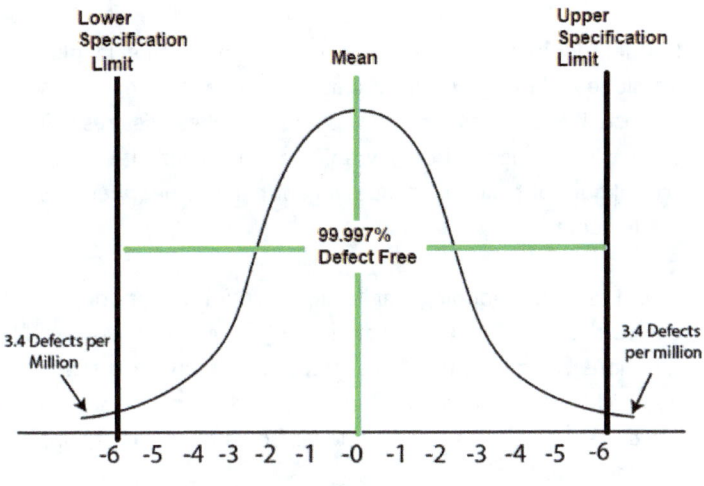

Six Sigma Curve

Dans les prochains chapitres, nous continuerons à décrire comment élaborer un plan de projet principalement axé sur une méthodologie en cascade plus classique, étant donné qu'elle est la plus connue et appliquée dans toute entreprise ou projet.

RÉSUMER

- ✓ La méthodologie de gestion utilisée dans un projet dépendra du type d'objectif du projet et de sa propre nature.

- ✓ La méthodologie en cascade est la méthodologie la plus classique et la plus courante, basée sur une décomposition des activités du projet en phases séquentielles linéaires, où chaque phase dépend des livrables de la précédente. Il est crucial que toutes les exigences soient parfaitement définies dès le début.

- ✓ Scrum est la méthodologie agile la plus couramment utilisée, en particulier dans les projets où les équipes doivent répondre rapidement, efficacement et effectivement aux demandes de changement. Il est principalement axé sur les exigences de contrôle tandis que les coûts et le temps sont préalablement fixés.

- ✓ Lean Kanban a pour objectif principal d'améliorer l'efficacité de la fabrication, en visualisant mieux les flux de travail et l'état des tâches à l'aide de tableaux Kanban.

- ✓ Six Sigma est basé sur des méthodes statistiques et de gestion de la qualité pour l'amélioration continue du produit d'un projet.

Contenu du projet

La première de nos multiples questions à répondre sera **"Que faut-il faire ?"**

C'est l'une des premières choses qui peuvent nous venir à l'esprit lorsque nous devons commencer un plan de gestion de projet.

Ensuite, les prochaines étapes à suivre à partir de là sont : collecter les exigences, définir le contenu complète et élaborer une structure de répartition du travail.

La collecte des exigences consiste à déterminer, documenter et gérer tous les besoins et exigences des parties prenantes afin d'atteindre les objectifs du projet. Il fournit la base pour définir et gérer le contenu complète du projet.

Les exigences comprennent les besoins et les attentes quantifiés et documentés du sponsor, des clients et des autres parties prenantes impliquées. Ces exigences doivent être analysées et enregistrées avec suffisamment de détails pour être incluses dans la référence du contenu et pour être mesurées une fois que l'exécution du projet commence.

La définition du contenu consiste à développer une description détaillée du projet et du produit qui en résulte. Il décrit les limites du projet, du service ou du résultat en définissant les exigences collectées qui seront incluses et exclues du contenu du projet.

Une bonne préparation d'un énoncé détaillé du contenu du projet est essentielle au succès du projet et repose non seulement sur le processus de collecte des exigences, mais également sur les principales livrables, hypothèses et contraintes qui ont été documentés lors du processus de lancement du projet précédent.

Une fois que toute le contenu est bien définie avec l'équipe de projet et toutes les parties prenantes impliquées, il est nécessaire de subdiviser tous les livrables majeurs du projet et le travail du projet en mini-tâches plus petites et plus gérables, dans ce que l'on appelle communément la **structure de répartition du travail,** ou *Work Breakdown Structure* (WBS) en anglais. Il fournit une vision structurée de ce qui doit être livré, avec une décomposition hiérarchique de le contenu totale des travaux à effectuer par l'équipe de projet, afin d'atteindre les objectifs du projet et de créer les livrables requis.

Exemple d'un WBS simple pour la construction d'une nouvelle maison pourrait être :

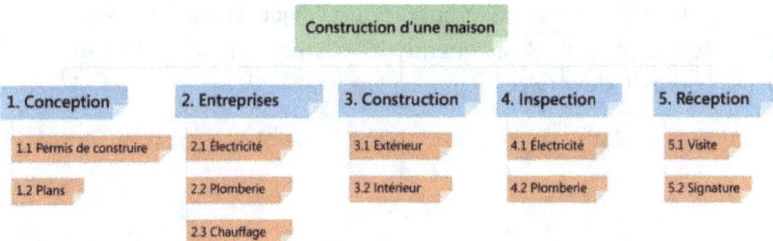

La validation de le contenu avec le client et toutes les parties prenantes concernées avant le début des travaux est également cruciale pour garantir un projet bien géré. Il apporte de l'objectivité au processus d'acceptation et augmente les chances d'acceptation du produit, du service ou du résultat final en validant chaque livrable.

RÉSUMER

- ✓ La collecte des exigences du client et de toutes les parties prenantes impliquées fournit la base pour définir et gérer le contenu complète du projet.

- ✓ La définition du contenu décrit les limites du projet, du service ou du résultat en définissant les exigences collectées qui seront incluses et exclues du contenu du projet.

- ✓ Une structure de répartition du travail (WBS) fournit une vision structurée de ce qui doit être livré, avec une décomposition hiérarchique de l'étendue totale des travaux à réaliser par l'équipe du projet.

- ✓ Valider le contenu avec le client et toutes les parties prenantes du projet impliquées au cours de ce processus de planification de projet apporte de l'objectivité au processus d'acceptation et augmente les chances d'acceptation du produit, du service ou du résultat final.

Estimation et planification

Maintenant que nous avons un peu plus clair sur ce que nous devons faire pour mener à bien notre projet, la prochaine question immédiate qui pourrait nous venir à l'esprit pourrait être **Combien de temps cela pourrait-il nous prendre tout ce travail ?**

Les prochaines étapes à suivre à partir de ce moment seraient : définir toutes les activités, les séquencer et les estimer pour créer un calendrier de projet complet.

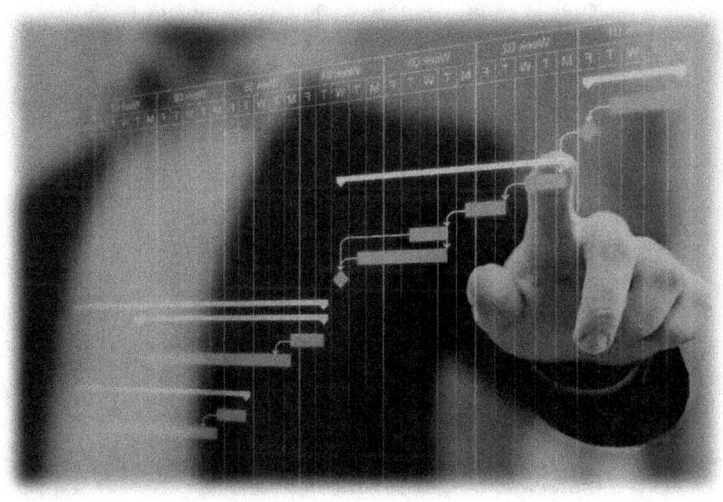

Premièrement, nous devons commencer par identifier et documenter toutes les actions spécifiques nécessaires pour produire les résultats attendus. Pour cela, **nous devons décomposer tous les lots de travaux des WBS précédents en activités** qui fournissent une base pour estimer et planifier le projet.

Après cela, nous devons identifier les relations entre ces activités de projet. Nous **définirons donc la séquence logique de travail** pour obtenir la plus grande efficacité compte tenu de toutes les contraintes du projet. Les relations logiques doivent être conçues pour créer un calendrier de projet réaliste. Il peut également être nécessaire d'utiliser un temps d'avance ou de décalage entre les activités pour soutenir un calendrier de projet réaliste et réalisable. Le séquençage peut être effectué à l'aide d'un software de gestion de projet ou à l'aide de techniques manuelles ou automatisées.

Les prochaines étapes consisteront à **estimer la durée de chacune de ces activités connexes et toutes les ressources nécessaires** pour les exécuter. Dans ce processus, nous devons tenir compte de toutes sortes de ressources : type et quantités de matériel, ressources humaines, équipements et, en général, toutes les fournitures nécessaires à la réalisation de chaque activité. Cela nous permettra d'avoir des estimations de coût et de durée plus précises.

Désormais, en saisissant toutes les activités de planification, les durées, les ressources et leurs relations logiques entre elles, nous sommes en mesure de générer un modèle de planification avec des dates prévues pour l'achèvement des activités du projet. Ce processus est généralement réalisé par un outil software (il en existe une infinité actuellement), dans un appelé **"diagramme de Gantt"**.

Une fois le diagramme de Gantt réalisé, c'est la ligne de base du projet initial pour suivre et mesurer les progrès tout au long de son exécution. En outre, il est également important d'identifier le « **chemin critique** » de notre projet, qui est la séquence de tâches qui dépendent les unes des autres, dans laquelle tout retard dans l'une d'entre elles aura un impact direct sur la date d'achèvement du projet. Les tâches appartenant à ce chemin critique doivent faire l'objet d'une surveillance particulière afin de respecter le calendrier initial du projet.

Exemple de diagramme de Gantt général pour un projet de construction neuve :

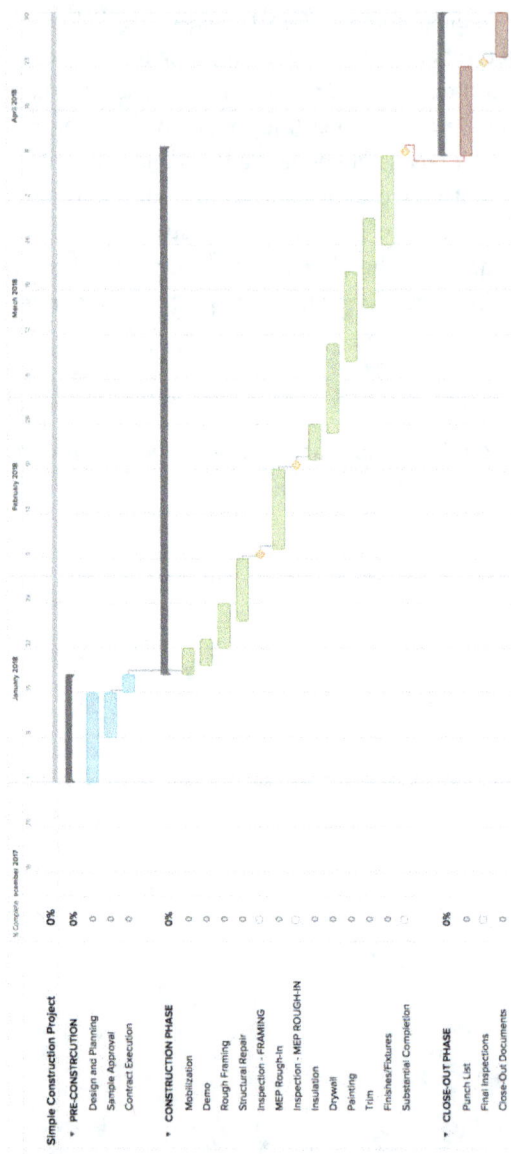

RÉSUMER

- ✓ Définir les activités de notre WBS fournira une base pour estimer et planifier le projet.

- ✓ Définir la séquence logique des travaux entre ces activités créera un calendrier de projet réaliste.

- ✓ Il est également nécessaire d'estimer la durée de chacune de ces activités liées, et toutes les ressources nécessaires. Nous devons considérer toutes sortes de ressources : type et quantités de matériel, ressources humaines, équipements, et en général toutes les fournitures nécessaires à la réalisation de chaque activité.

- ✓ Ainsi, avec tout cela, nous pouvons générer un modèle de calendrier avec des dates prévues pour l'achèvement des activités du projet, dans un communément appelé diagramme de Gantt.

- ✓ Le chemin critique peut être déterminé dans notre diagramme de Gantt, en identifiant la séquence de tâches qui dépendent les unes des autres, dans laquelle tout retard dans l'une d'entre elles affectera directement la date d'achèvement du projet.

Coûts du projet

Chaque projet, comme toute chose à réaliser dans la vie a son prix, c'est naturel. Ainsi, nous devrons toujours répondre à des questions telles que *"**Combien ce projet coûterait-il ?**", "Quel est le budget nécessaire ?" "Est-ce que tous les coûts seront uniques ou il y aura des coûts récurrents une fois le projet terminé ?"* Etc.

Premièrement, nous devons commencer par **l'estimation des coûts,** qui consiste à développer une approximation des ressources monétaires nécessaires pour mener à bien toutes les activités du projet répertoriées dans notre échéancier. Il déterminera le montant des coûts requis pour achever les travaux du projet.

Ces estimations de coûts sont normalement exprimées dans une devise ($, €...) et incluent la prise en compte de différentes alternatives de coûts pour lancer et terminer le projet. Les compromis sur les coûts et les risques doivent également être pris en compte, tels que la *fabrication par rapport à l'achat*, *l'achat par rapport à la location* et le *partage* des ressources afin d'obtenir des coûts optimaux pour le projet.

Une fois que tous les coûts identifiés sont estimés, la prochaine étape consistera à **déterminer un budget de projet**. Elle consistera à agréger tous ces coûts estimés pour établir une base de coûts autorisés. Il déterminera notre base de coûts par rapport à laquelle les performances du projet peuvent être surveillées et contrôlées pendant son exécution.

Un exemple de budget de projet de construction peut être :

1999 Courthouse Project Budget
Williamsburg/James City County (Virginia)

Building Construction	$7,800,000
Site Work	$1,300,000
Total Building Construction and Site	$9,100,000
Other Costs	
Architect and Engineering Fees	931,000
Construction Management	162,000
Land Acquisition	550,000
Furniture and Fixtures	460,000
Telephone/Network/Security System	150,000
Quality Control Testing	90,000
Permits and Fees	85,000
Value Engineering	50,000
Other Costs	151,800
Contingency	1,181,000
Total Other Costs	$3,900,000
Total Project	$13,000,000

En plus de déterminer notre budget de projet initial, il est également nécessaire **de générer un calendrier de trésorerie.** Savoir quand l'argent sera dépensé est presque aussi important que savoir combien sera dépensé. Une fois que le calendrier et les coûts du projet ont été estimés, générer une projection des flux de trésorerie est assez simple avec les solutions software de gestion de projet actuelles, qui peuvent prédire combien et quand l'argent sera dépensé, sur la base de notre calendrier de projet précédent et du budget élaboré.

Exemple :

ABC Construction - Cash Flow Projection Report			
Category	Jan	Feb	Mar
Beginning Balance	$ 550,000.00	$ 620,500.00	$ 635,500.00
Operating Activities			
Projected Income	$ 100,000.00	$ 150,000.00	$ 75,000.00
Supplier Payments	$ (14,000.00)	$ (20,000.00)	$ (10,000.00)
Subcontractor Payments	$ (25,000.00)	$ (50,000.00)	$ (25,000.00)
Payroll Expenses	$ (10,500.00)	$ (10,500.00)	$ (10,500.00)
Interest Expense	$ (1,000.00)	$ (1,000.00)	$ (1,000.00)
Tax Expense	$ (2,500.00)	$ (2,500.00)	$ (2,500.00)
Office Expenses	$ (1,500.00)	$ (1,000.00)	$ (2,500.00)
Operating Activities Total	$ 45,500.00	$ 65,000.00	$ 23,500.00
Investing Activities			
Truck Purchase	$ 35,000.00	$ -	$ 35,000.00
Bulldozer Sale	$ 10,000.00	$ -	$ -
Investing Activities Total	$ (25,000.00)	$ -	$ (35,000.00)
Financing Activities			
Sale of Stock	$ 200,000.00	$ -	$ -
Building Lease Payment	$ (50,000.00)	$ (50,000.00)	$ (50,000.00)
Dividend Payments	$ (100,000.00)	$ -	$ -
Financing Activities Total	$ 50,000.00	$ (50,000.00)	$ (50,000.00)
Net Cash Flow	$ 70,500.00	$ 15,000.00	$ (61,500.00)
Projected Bank Balance	$ 620,500.00	$ 635,500.00	$ 574,000.00

RÉSUMER

- ✓ L'estimation des coûts à partir de toutes les activités identifiées dans notre calendrier déterminera le montant des coûts requis pour terminer les travaux du projet.

- ✓ Déterminer le budget du projet déterminera notre base de coûts par rapport à laquelle les performances du projet peuvent être surveillées et contrôlées tout au long de son exécution.

- ✓ Un calendrier de trésorerie nous aidera à savoir quand l'argent sera dépensé dans notre projet, et il est généralement élaboré avec des solutions software de gestion de projet, sur la base de notre calendrier de projet précédent et du budget élaboré.

Plan de qualité

Dans tout projet, nous devons toujours être pleinement conscients de ce que nous devons faire (contenu), quand nous allons le réaliser et comment (planification) et de combien d'actifs financiers avons-nous besoin (coûts). Mais qu'en est-il des résultats que nous voulons atteindre ? Quelle qualité minimale sera considérée comme acceptable pour la satisfaction du client sur le produit/service final livré ?

Toutes ces questions doivent trouver une réponse dans notre plan de qualité.

Selon les directives de la norme ISO900x, les approches modernes de gestion de la qualité cherchent à minimiser les variations par rapport aux exigences initiales définies. Ces approches reconnaissent toujours l'importance des aspects suivants :

- Satisfaction du client

  Dès le début de notre projet, nous devons toujours établir et convenir avec le client et les principales parties prenantes **de la qualité minimale du produit/service final qui en résultera.** Sinon, cela peut produire un résultat non attendu en termes de satisfaction du client.

- La prévention plutôt que la correction

  Le coût de la prévention des erreurs est toujours bien inférieur au coût de leur correction. Nous devons toujours garder cette prémisse à l'esprit, afin d'éviter des erreurs et des corrections inutiles et coûteuses pour notre budget de projet initial.

- Amélioration continue

  Afin de minimiser autant que possible la variation de la qualité de nos résultats attendus, le cycle « Plan – Do – Check – Act » (PDCA), défini par *Shewhart* et modifié par *Deming*, est la base de l'amélioration de la qualité.

- Métriques de qualité ou *Key Performance Indicators* (KPI)

  Dans notre plan de qualité, il est nécessaire de définir des paramètres qui nous indiqueront si nos résultats sont assez justes ou s'ils ne seront pas acceptés par notre client. Ces mesures, communément appelées KPIs, doivent toujours être convenues avec le client et les parties prenantes lorsque notre plan de gestion de projet est terminé. Exemples :

- Nouvelle machine de production : *Temps de cycle de fabrication < 5 heures*
- Infrastructure d'accès Internet : *Bande passante > 100 Mbps (Mégabits par seconde)*
- Écran numérique portable : *Résolution = 3000 PPI (Pixels par pouce).*

Toutes ces orientations et démarches seront prises en compte et définies dans notre Plan Qualité, qui contiendra nos exigences qualité pour le projet et ses livrables.

Voici quelques outils qualité de base couramment utilisés en gestion de projet, selon la nature ou le type de projet :

- *Diagrammes de cause à effet*

    Il s'agit d'une représentation graphique des multiples relations de cause à effet entre les différentes variables impliquées dans un processus.

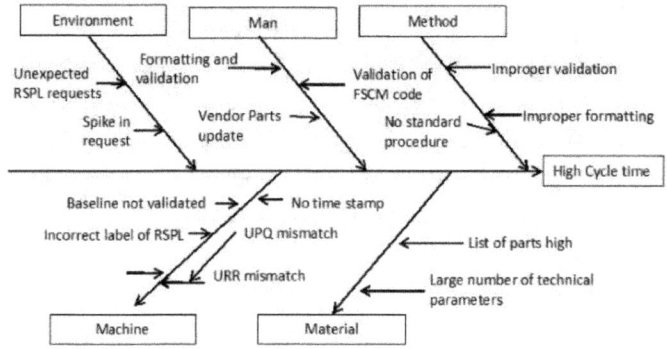

- *Organigrammes*

    Couramment utilisé également lorsque la logique ou le processus métier doivent être définis. Selon la forme (carré, cercle, losange) de chaque bloc, il indiquera s'il s'agit d'un point de décision, d'une action ou d'un état final du processus.

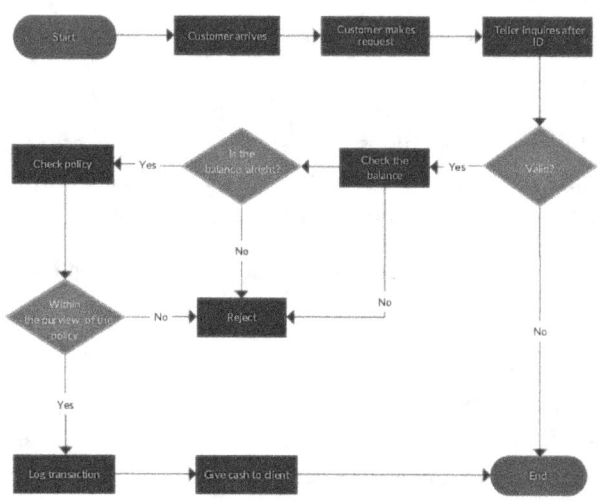

- *Feuilles de contrôle / Formulaires d'inspection*
  Très utile lorsque nous devons nous assurer que tous les aspects importants de l'exécution d'un projet ou du résultat attendu sont pris en compte. Ils sont également utilisés lors de l'exécution de tout type d'inspections de qualité.

Facility Exterior	YES	NO	N/A
Is the building address or identification clearly visible?			
Are exterior lights in working order?			
Are the exits onto public streets free from visibility obstructions?			
Are all building sides accessible to emergency equipment?			
Does the building appear to be in good repair?			
Are exterior walls free from cracks or other damages?			
Are windows free from cracks or broken panes?			
Are paved surfaces inspected and repaired (i.e., lifts, cracks, etc.)?			
Are stairs, landings and handrails in good repair and fastened securely? (inspect the bottom of each step)			
Are facilities periodically inspected and documented?			
Are all sewer clean out caps in place?			
Are all irrigation covers in place?			
Do entrance doors close slowly to avoid hazards to fingers?			
Facility Interior	YES	NO	N/A
Electrical Systems			
Are all electrical panels secured?			
Have all electrical circuits been identified?			
Are all electrical switches and receptacles in good repair?			
Have Ground Fault Interrupter's been provided on circuits in proximity to water?			
Is there a "lock-out" procedure in place?			

- *Diagrammes de Pareto*

    Le principe de Pareto stipule que pour de nombreux résultats, environ 80 % des conséquences proviennent de 20 % des causes. Ce principe est largement utilisé dans la gestion de projet lorsque le temps doit être dépensé à bon escient, il faut donc toujours se concentrer sur ces principales causes d'origines les plus répétées, afin de résoudre la majorité des situations ou des problèmes.

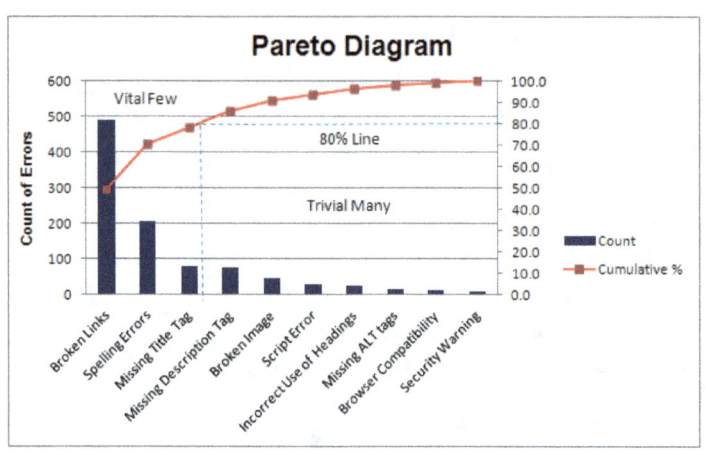

- *Analyse comparative (Benchmark)*

Comparer les processus commerciaux et les mesures de performance aux meilleures pratiques d'autres entreprises est toujours un choix fréquent afin de savoir si nous faisons les choses correctement ou du moins comme le font la plupart des concurrents.

Criteria	Indicator	Benchmark	Units
Technical	Flood control	Overflow frequency	1...n
		Design storm return interval	RI yrs
		Extreme event control	H/M/L
	Pollution control	Dissolved pollutant capture	%; H/M/L
		Solid(s) pollutant capture	%; H/M/L
	System Adaptability	Ease of retrofitting	H/M/L
		Design freeboard	% ; Volume, m³
Environmental	Receiving Water Volume Impact	Downstream erosion	H/M/L
		Thermal effects	C°
		Groundwater levels	Depth; m
	Receiving Water Quality Impact	Compliance with RWQ standards	%; mg/l
		Threshold pollutant concentrations	mg/l
	Ecological Impact	Biotic diversity	Biotic scores

Nous devons toujours effectuer également **une assurance qualité**, qui consiste à auditer les exigences de qualité et les résultats pour s'assurer que les normes de qualité et les définitions opérationnelles appropriées sont utilisées. Il facilitera l'amélioration des processus qualité.

L'assurance qualité vise à renforcer la confiance qu'un résultat futur ou un travail en cours sera achevé d'une manière qui répond aux exigences et aux attentes spécifiées.

Pour y parvenir, on peut s'appuyer sur différentes techniques. Les plus fréquents sont :

- *Audit de qualité*
  Ils détermineront si les activités du projet sont conformes aux politiques, processus et procédures de l'organisation et du projet.

- *SLA*
  Les SLA (Service Level Agreements) préalablement convenus avec le client et les parties prenantes impliquées apporteront une confiance et un objectif lorsqu'il s'agira de valider et de fournir au client le produit ou le service proposé.

  Exemple : Pour les fournisseurs de services Internet et les opérateurs de télécommunications, les SLA courants assurés sont *le temps moyen entre les pannes* (MTBF), *le temps moyen de réparation* ou *le temps moyen de récupération* (MTTR).

RÉSUMER

- ✓ Un facteur clé de succès dans un projet est toujours quelle qualité minimale sera considérée comme acceptable pour la satisfaction du client sur le produit/service final.

- ✓ Les directives de la norme ISO900x visent à minimiser les variations par rapport aux exigences initiales définies, en se concentrant sur des aspects tels que la satisfaction du client, la prévention plutôt que la correction, l'amélioration continue et l'établissement d'indicateurs de performance clés (KPI) réalistes.

- ✓ Les outils de qualité couramment utilisés sont les diagrammes de cause à effet, les organigrammes, les feuilles de contrôle, les diagrammes de Pareto ou l'analyse comparative.

- ✓ L'assurance qualité consiste à auditer les exigences de qualité et les résultats pour s'assurer que des normes de qualité et des définitions opérationnelles appropriées sont utilisées.

Triangle d'équilibre
Coût – Temps – Qualité

Comme nous pouvons le voir jusqu'à présent, ce sont les trois principales variables pour planifier et contrôler tout projet. Si vous modifiez une ou plusieurs de ces variables, celles qui restent seront également modifiées, c'est inévitable.

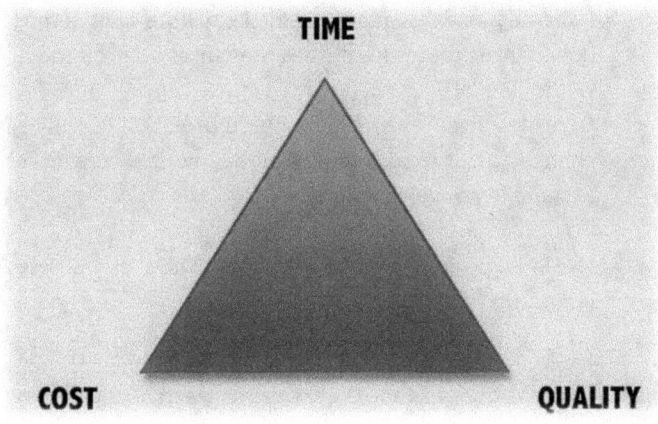

Par exemple, si les quantités de temps et d'argent disponibles pour un projet sont réduites, cela limitera presque certainement la qualité du produit.

De même, fournir la même qualité dans un délai plus court coûtera plus cher. Votre défi, en tant que project manager, est d'équilibrer ces variables pour créer l'équilibre optimal coût-temps-qualité.

Les project managers doivent toujours définir et convenir avec le client et les parties prenantes de ce qui sera exactement un projet réussi, en termes de finition :

- ✓ À temps
- ✓ Dans les limites du budget
- ✓ Avec une qualité suffisante pour la satisfaction du client

Quelques conseils pour réussir dans cet équilibre Coût – Temps – Qualité seraient :

- o Fixez des attentes réalistes sur l'équilibre coût-temps-qualité avec toutes les parties prenantes du projet.

- o Gérer les attentes tout au long du projet. Si l'équilibre change, assurez-vous que tout le monde connaît et accepte le nouvel équilibre.

- o Livrer le produit promis, dans les délais et dans les limites du budget.

RÉSUMER

✓ Le coût, le temps et la qualité sont les variables clés dans l'exécution d'un projet. Ils sont liés entre eux, nous devons donc toujours leur prêter une attention particulière.

✓ Les project managers doivent toujours définir et convenir avec le client et les parties prenantes de ce qui sera exactement un projet réussi, en termes de temps, de budget et de qualité.

Planification des ressources (RH & Achats)

Un bon environnement et une équipe projet performante sont l'une des clés d'un projet réussi, ainsi qu'une décision correcte sur les approvisionnements et les achats nécessaires à son exécution.

Peu importe à quel point les objectifs initiaux proposés pour le projet peuvent être difficiles, compter avec les bonnes personnes avec vous est toujours l'atout le plus précieux possible pour atteindre les résultats souhaités.

Compter avec les bonnes personnes et avec les outils et matériaux appropriés est synonyme de succès dans tout ce que nous essayons de réaliser. Donc, dans ce chapitre, nous examinons ces aspects étant donné que chaque projet devrait prendre cela très au sérieux.

L'équipe de projet comprend le project manager et le groupe d'individus qui agissent ensemble dans l'exécution des travaux du projet pour atteindre tous ses objectifs. Dans chaque nouvelle équipe qui travaillera ensemble, certains facteurs tels que la culture d'entreprise, le contenu du projet ou l'emplacement de chaque membre de l'équipe doivent être pris en compte.

L'un des modèles les plus reconnus utilisés pour décrire le développement des équipes est l'échelle de Tuckman (Tuckman, 1965 ; Tuckman et Jensen, 1977), qui comprend au moins quatre étapes de développement que les équipes peuvent traverser. Les projets avec des membres de l'équipe qui ont travaillé ensemble dans le passé peuvent sauter certaines de ces étapes :

1. <u>Forming</u>
   L'équipe se réunit et se renseigne sur le projet et ses rôles et responsabilités officiels.

2. <u>Storming</u>
   L'équipe commence à aborder le travail du projet, les décisions techniques et l'approche de gestion de projet.

3. <u>Norming</u>

À ce stade, les membres de l'équipe commencent à travailler ensemble et à ajuster leurs habitudes de travail et leurs comportements pour soutenir l'équipe. L'équipe apprend à se faire confiance.

4. <u>Performing</u>

Les équipes qui atteignent le stade de la performance fonctionnent comme une unité bien organisée. Ils sont interdépendants et résolvent les problèmes de manière fluide et efficace.

Comme vous pouvez l'imaginer, **gérer et diriger l'équipe de projet est l'une des responsabilités les plus difficiles pour un project manager**.

Une équipe faible et peu coopérative n'est pas seulement improductive ; cela peut faire de votre travail une routine quotidienne de frustration et de ressentiment. Les gens s'épuisent, explosent ou quittent leur emploi en raison de la dynamique interpersonnelle négative au sein des équipes.

Les caractéristiques d'une **équipe performante** dont chaque project manager doit s'assurer sont :

- Ils comprennent comment leur travail s'inscrit dans les principales objectives du projet.

- Ils ont défini des rôles et des responsabilités clairs.

- Ils gèrent le travail et les délais en fonction des priorités.

- Ils communiquent clairement et respectueusement.

o   Ils se font confiance et se respectent.

o   Ils célèbrent le succès ensemble et reconnaissent les contributions.

o   Ils pratiquent l'apprentissage continu.

Une **matrice de responsabilité** est un tableau qui montre les ressources du projet affectées à chaque module de travail. Le format matriciel montre toutes les activités associées à une personne et toutes les personnes associées à une activité. Cela garantit également qu'il n'y a qu'une seule personne responsable d'une tâche pour éviter toute confusion de responsabilité.

Le tableau matriciel le plus courant à cette fin est le tableau **RACI (*Responsible, Accountable, Consult, Inform*)**. Ce tableau est particulièrement utile lorsque l'équipe est composée de ressources internes et externes afin d'assurer une répartition claire des rôles et des attentes. Exemple :

RACI Chart	Person				
Activity	Ann	Ben	Carlos	Dina	Ed
Create charter	A	R	I	I	I
Collect requirements	I	A	R	C	C
Submit change request	I	A	R	R	C
Develop test plan	A	C	I	I	R

R = Responsible   A = Accountable   C = Consult   I = Inform

Le **plan d'achats** comprend tous les processus nécessaires pour acheter ou acquérir des produits ou services nécessaires à l'extérieur de l'équipe de projet. Il comprend également les processus de gestion des contrats et de contrôle des modifications nécessaires pour développer et administrer les contrats ou les bons de commande, ou *Purchase Orders* (PO) émis par les membres autorisés de l'équipe de projet.

Un projet complexe peut impliquer la gestion de plusieurs contrats ou sous-contrats simultanément ou en séquence.

Dans de tels cas, chaque cycle de vie du contrat peut se terminer à n'importe quelle phase du cycle de vie du projet. La gestion des achats est abordée dans la perspective de la relation acheteur-vendeur. La relation acheteur-vendeur peut exister à plusieurs niveaux sur n'importe quel projet, et entre des organisations internes et externes à l'organisation acquéreuse.

Certaines activités et techniques généralement exécutées au cours de ce plan d'approvisionnement sont :

- Analyse *Make-or-Buy*
- Étude de marché
- Critères de sélection des sources
- Négociations d'approvisionnement

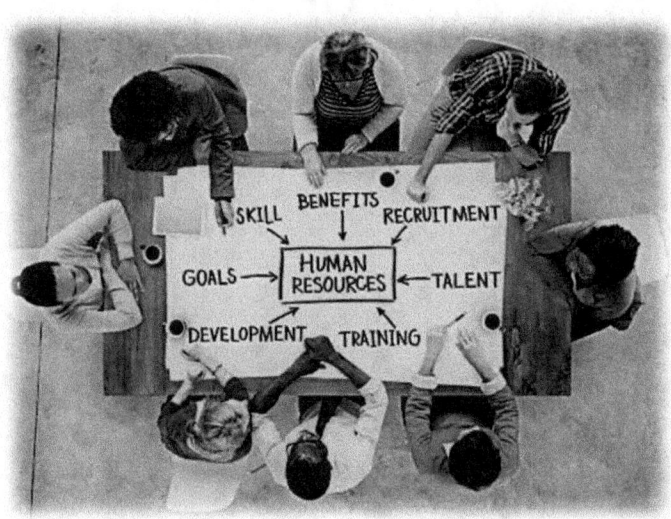

RÉSUMER

✓ Compter avec les bonnes personnes et avec des outils et des matériaux appropriés est synonyme de succès dans tout projet, petit ou grand.

✓ Gérer et diriger une équipe de projet hautement performante est l'une des responsabilités les plus difficiles pour un project manager.

✓ Une matrice de responsabilité montre les ressources du projet affectées à chaque module de travail. Le tableau matriciel le plus courant à cette fin est le tableau RACI (*Responsible, Accountable, Consult, Inform*).

- ✓ Le plan d'achats comprend tous les processus nécessaires pour acheter ou acquérir des produits ou services nécessaires à l'extérieur de l'équipe de projet.

Plan de communication

Il est également très important de bien définir dès le début comment la communication entre tous les membres du projet doit se dérouler. Cela peut sembler être un simple détail, mais croyez-moi, c'est l'un des facteurs clés d'un projet correctement géré.

Les project managers doivent définir une approche et un plan appropriés pour les communications du projet en fonction des besoins et des exigences en matière d'informations des parties prenantes. Le principal avantage de ce plan est qu'il identifie et documente l'approche pour communiquer le plus efficacement et effectivement entre les membres de l'équipe de projet et avec le reste des parties prenantes.

Afin de mettre en place un **plan de communication efficace**, il y a quelques actions types et réunions tellement utiles, comme:

- Réunion de démarrage (kickoff)
- Réunions d'équipe de projet
- Réunion sur l'état du projet
- Rapports exécutifs
- Processus de gestion du changement

Un exemple de tableau récapitulatif du plan de communication dans un projet pourrait être :

Name of the communication	How often it will happen	Method of communication	Who will receive the communication	Who is responsible
Project team meeting	Daily	Meeting	Project team	Project manager
Stakeholder update	Monthly	Email newsletter	Stakeholders	Project manager
Board meeting	Every two weeks	Meeting	Project board	Project manager
Contribution to department newsletter	Quarterly	Section of newsletter	Wider development	Project manager to deliver to department administration

Dans certains cas, il est également nécessaire d'établir avec le client ou un partenaire une **matrice d'incidents,** notamment pour désigner de chaque côté qui sera en charge en cas de différents types d'incidents ou d'événements possibles à prendre en charge.

Category		Description	Resolution	Expected Response Time	Expected Resolution Time
1	Feature Request	Feature does not affect normal or intended operations. Request for consideration by Formstack.	Immediate resolution may not be available.	Within 1-hour of confirmation.	N/A
2	Low	Hindrance to the work of individual Users and/or an acceptable workaround is available.	Immediate resolution may not be needed.	Within 1-hour of confirmation.	30-business days
3	Normal	Interruption to the work of individual Users and no acceptable workaround is available.	Immediate resolution may not be needed.	Within 1-hour of confirmation.	14-business days
4	High	Interruption to critical processes affecting individual Users and no workaround is available.	Immediate resolution is needed.	Within 1-hour of confirmation.	7-business days
5	Urgent	Interruption to critical business processes affecting many Users and no workaround is available.	Immediate resolution is needed.	Within 1-hour of confirmation.	3-business days

Les outils et technologies utilisés pour chaque type de communication et de documentation nécessaires dans un projet dépendront du type de communication lui-même. Voici des exemples d'outils permettant **de gérer efficacement la documentation et la communication d'un projet** :

- o Pour la communication interactive (entre deux ou plusieurs parties effectuant un échange d'informations multidirectionnel) : réunions, appels téléphoniques, messagerie instantanée, vidéoconférence, etc.

- o Pour pousser la communication (envoyée à des destinataires spécifiques qui ont besoin de recevoir les informations) : lettres, mémos, rapports, e-mails, fax, messages chat, etc.

- o Pour la communication tirante (pour de très gros volumes d'informations ou pour de très larges audiences) : sites intranet, e-learning, bases de données, référentiels de connaissances, etc.

RÉSUMER

- ✓ Les project managers doivent toujours définir une approche et un plan appropriés pour les communications du projet en fonction des besoins et des exigences en matière d'informations des parties prenantes.

- ✓ Des plans de communication et/ou des matrices d'incidents sont nécessaires pour partager avec les clients et les parties prenantes du projet.

- ✓ Afin de gérer efficacement la documentation et la communication du projet, il existe différents outils et technologies à utiliser en fonction du type de communication et du public (interactif, poussant ou tirant).

Gestion des risques

Le niveau de risque zéro est toujours impossible à atteindre dans la vie, nous sommes tous d'accord sur cette affirmation. L'exécution des projets ne fait pas exception, donc un **project manager doit toujours élaborer un plan** de gestion des risques minimum afin de s'assurer qu'au moins la plupart des risques potentiels et graves qui pourraient compromettre l'exécution de notre projet en termes de qualité, de temps et de budget sont contrôlés.

Premièrement, nous devons commencer à **identifier tous les risques potentiels**, en déterminant quels risques peuvent affecter le projet et en documentant leurs caractéristiques. Il supposera la documentation de tous les risques existants avec l'équipe projet afin d'anticiper les événements.

L'identification des risques est toujours un processus itératif, car de nouveaux risques peuvent évoluer ou être connus au fur et à mesure que le projet progresse tout au long de son cycle de vie. La fréquence d'itération et de participation à chaque cycle variera selon chaque situation.

Chaque fois que de nouveaux risques sont identifiés dans un projet, l'équipe doit **développer un plan d'intervention et d'urgence** pour chacun d'entre eux. La plupart des projets comportent un nombre énorme de risques potentiels. Quantifier les dommages potentiels et la probabilité qu'un risque se produise permet à l'équipe de hiérarchiser les risques, en concentrant leur attention là où cela fait le plus de bien.

Tous les risques ne compromettent pas un projet. Les project managers doivent savoir comment discerner l'ampleur du risque et comment développer une stratégie appropriée pour faire face à chacun. Généralement, les principales étapes à suivre, une fois qu'un nouveau risque est identifié, afin de développer une stratégie appropriée sont :

1. Définir le risque, y compris la gravité de l'impact négatif.

2. Attribuer une probabilité au risque, en essayant de répondre à la question : *Quelle est la probabilité que ce problème se produise ?*

3. Élaboration d'une stratégie pour réduire les dommages éventuels. Cette stratégie sera basée sur la gravité et la

probabilité du risque. Différentes approches peuvent être acceptées, en fonction de la probabilité et de la gravité des risques, de réduire/atténuer le risque, d'éviter le risque ou même de l'accepter dans le cas où sa probabilité est trop faible et son plan d'urgence est trop coûteux ou même irréalisable.

Une **matrice de risque** est très utile pour définir le niveau de risque en considérant la catégorie de probabilité par rapport à la catégorie de gravité de ses conséquences. De cette façon, le project manager peut déterminer à quels risques devons-nous accorder plus d'attention lors de l'exécution du projet.

LIKELIHOOD ↓ / SEVERITY →	1	2	3
1	LOW -1-	LOW -2-	MEDIUM -3-
2	LOW -2-	MEDIUM -4-	HIGH -6-
3	MEDIUM -3-	HIGH -6-	HIGH -9-

RÉSUMER

- ✓ Les project managers doivent toujours s'assurer qu'au moins la plupart des risques potentiels et graves qui pourraient compromettre l'exécution de notre projet en termes de qualité, de temps et de budget sont contrôlés.

- ✓ L'identification des risques du project supposera la documentation de tous les risques existants avec l'équipe du projet afin d'anticiper les événements.

- ✓ Élaborer un plan d'intervention et d'urgence pour chaque risque identifié est nécessaire pour déterminer une stratégie appropriée en fonction de la probabilité et de la gravité au cas où cela se produirait.

- ✓ Une matrice de risque est très utile pour définir le niveau de risque en considérant la catégorie de probabilité par rapport à la catégorie de gravité des conséquences.

BLOC 4 : *Exécution et contrôle du projet*

Jusqu'à présent, nous avons défini et planifié tous les aspects liés à notre projet, sur la base de notre méthodologie choisie pour le gérer correctement. Il est maintenant temps de faire tout le travail !

Dans ce processus d'exécution et de contrôle du projet, une grande partie du budget du projet sera dépensée tandis que tout le travail défini dans notre structure de répartition du travail (WBS) est effectué par l'équipe de projet.

Ainsi, dans ce processus de projet, c'est lorsque la majeure partie de la charge de travail est effectuée par l'équipe de projet. Le principal avantage de ce processus est que la performance du projet est mesurée et analysée à intervalles réguliers lors d'événements appropriés, tandis que certains écarts peuvent être identifiés par rapport au plan de projet initial.

Ici, le rôle du project manager est principalement de coordonner les personnes et les ressources, de gérer les attentes des parties prenantes, ainsi que d'intégrer et d'exécuter les activités du projet conformément au plan de projet.

Communication du projet

Il est impossible d'exécuter un projet avec succès sans une bonne communication entre ses membres et les parties prenantes. Gardons cela à l'esprit tout le monde.

Une communication fluide et active est le sang d'un projet sain. Sinon, vous passerez sûrement un temps infini à essayer de garder tout le monde sur la même page, mais jamais avec succès, si vous n'établissez pas de canaux efficaces et de forums appropriés pour chaque nécessité d'un projet.

La fréquence des réunions avec l'équipe de projet doit dépendre de la méthodologie de gestion utilisée et de la nature même du projet. Il doit être préalablement décidé et partagé dans notre plan de projet.

Les project managers doivent être conscients de l'importance d'une fréquence et d'une durée appropriées des réunions, étant donné que des réunions trop nombreuses et trop longues supposeront une perte de temps précieux, et trop peu trop court peut signifier un manque ou une mauvaise communication dans le projet. L'équilibrage de ces variables est toujours la responsabilité d'un project manager.

Voici quelques conseils et directives pour **organiser des réunions efficaces** :

Avant la réunion

- o Envoyez une invitation à une réunion en précisant l'objet, les heures de début et de fin prévues et le lieu de la réunion. Que tout le monde sache à l'avance qui d'autre sera là.
- o Envoyez un ordre du jour précisant l'objet de la réunion et énumérant les principales sujets à discuter.

Pendant la réunion

- o Commencez à l'heure. Soyez reconnaissant à chacun pour son temps et sa ponctualité.
- o Passez en revue le processus que vous comptez suivre. Si nécessaire, établissez des règles de base et déterminez comment les décisions seront prises.
- o Utilisez l'ordre du jour pour structurer la réunion. Si un sujet semble trop important pour être résolu dans le temps imparti, en particulier si l'ensemble du groupe n'est pas nécessaire pour la résolution, développez une action et traitez-la en dehors de la réunion.

- Assurez-vous d'écrire toutes les décisions importantes prises et les points d'action à faire par l'équipe.
- Pendant les discussions, quelqu'un doit surveiller le groupe et contrôler l'implication.
- Résumez les commentaires et amenez le groupe à prendre une décision.

<u>Après la réunion</u>

- Envoyez le résumé de la réunion et les actes qui en résultent. Plus tôt ceux-ci seront publiés, plus les gens seront susceptibles de les lire et d'y répondre si nécessaire.

En suivant les directives simples décrites ci-dessus, vous ferez preuve de respect envers votre équipe en rendant toutes vos réunions aussi productives que possible.

Une communication efficace et une écoute active entre toutes les personnes impliquées dans le projet est une autre compétence très précieuse à maîtriser lors de son exécution. Les projets sont faits de personnes qui font avancer les choses.

Faire les bonnes choses de la bonne manière nécessite une communication entre toutes les parties prenantes. En tant que project managers, nous passons une grande partie de notre temps à communiquer. Cela comprend la définition et l'obtention d'un accord sur les objectifs, la coordination des personnes, la découverte et la résolution de problèmes et la gestion des attentes.

La communication est une compétence essentielle pour les project managers. Les project managers doivent être capables de bien écrire et parler, de diriger efficacement des réunions et de résoudre les conflits de manière constructive. Ils doivent également bien écouter, afin de bien comprendre ce qui se dit.

Lorsqu'il s'agit de communiquer avec les parties prenantes exécutives et les clients, le project manager doit poser certaines questions sur la transmission d'informations, telles que :

- *Qui a besoin de l'information et pourquoi ?*
- *De quel type d'informations auront-ils besoin, dans quel détail et à quelle fréquence ?*
- *Lorsque vous communiquez avec les clients et la direction, quel sera votre objectif et quel moyen y parviendra le mieux ?*

La plupart des informations importantes sur le projet sont généralement partagées par des documents et des rapports exécutifs. Un exemple de référentiel de documentation de projet bien structuré et partagé pourrait être :

```
NOM DU PROJET/
/INITIATION
/PLAN DE PROJET
/EXÉCUTION ET VALIDATION
/FERMETURE
```

Dans chacun de ces dossiers, le project manager peut organiser et stocker toute la documentation du projet pour tous ses processus. Le maintien de cette structure vous aidera à maintenir toutes les informations du projet claires et faciles d'accès.

RÉSUMER

- ✓ Une communication fluide et active est le sang d'un projet sain et réussi.

- ✓ La fréquence des réunions avec l'équipe de projet dépendra de la méthodologie de gestion utilisée et de la nature même du projet.

- ✓ Une communication efficace et une écoute active entre toutes les personnes impliquées dans le projet est une autre compétence très précieuse à maîtriser lors de son exécution.

- ✓ La plupart des informations importantes sur le projet sont généralement partagées par des documents et des rapports exécutifs. Plus cette documentation est bien structurée, plus il sera facile de maintenir et d'accéder à cette information pour tout le monde.

Mesurer les progrès

À la fin du projet, peu importe à quel point vous êtes proche, car vous n'avez presque aucune possibilité de modifier vos coûts et vos performances de planification. **Le facteur clé pour terminer un projet dans les délais et dans les limites du budget est de commencer à mesurer les progrès** et de rester sur la bonne voie tout au long du projet tout au long de **son exécution.**

Au cours des processus d'exécution, *notre projet respecte-t-il ou dépasse-t-il le budget ?*

La mesure précise des coûts est essentielle à mesure qu'un projet progresse, car le coût mesure la productivité. Chaque lot de travaux comporte des estimations de coûts pour la main-d'œuvre, l'équipement et les matériaux. Au fur et à mesure que chacun est exécuté, assurez-vous de saisir les coûts réels.

En comparant les coûts prévus et réels, vous saurez si le projet progresse comme prévu.

Exemple de suivi des coûts réels pour chaque lot de travaux :

Task Name	Planned			Actual		
	Labor	Equipment	Materials	Labor	Equipment	Materials
Task n	40 hrs.	$1000	$1500	50 hrs.	$1200	$1500
Task p	30 hrs.	$200	$100	25 hrs.	$200	$150
Task r	60 hrs.	0	0	55 hrs.	0	0

Une bonne méthode consiste à calculer périodiquement la **variance des coûts** de nos lots de travaux décrits dans notre Contenu de projet (WBS), en utilisant notre budget de référence et en soustrayant les coûts réels de tous les travaux achevés jusqu'à présent.

- o   Si cette soustraction est négative➔ le projet dépasse le budget
- o   Sinon➔ le projet respecte le budget

Pendant les processus d'exécution, *notre projet est-il dans les temps ou en retard ?*

L'écart **de calendrier** est la différence entre la valeur du travail dont l'achèvement était prévu et la valeur du travail qui a été réellement achevé.

Les moyens ou techniques de mesure des progrès et d'obtention des KPI dépendront également de la méthodologie de gestion utilisée dans chaque projet. Par exemple, dans les méthodologies agiles (Scrum), il est très courant d'appliquer des "*burndown charts*", afin de dessiner le travail restant à faire sur un projet au fil du temps.

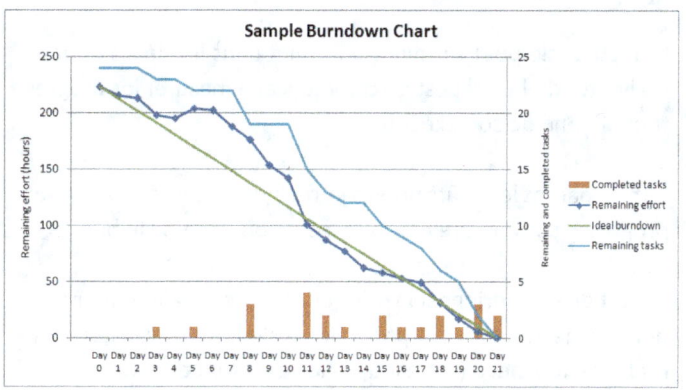

Afin de contrôler la qualité des livrables pendant l'exécution du projet, **nous devons suivre notre plan de qualité indiqué dans notre plan de gestion de projet,** en gardant toujours à l'esprit quelle qualité minimale sera considérée comme acceptable pour la satisfaction du client sur le produit/service final.

Certaines techniques très fréquemment utilisées pour le contrôle de la qualité lors de la mesure de l'avancement du projet sont :

- Appliquer les outils qualité de base (précédemment décrits dans le chapitre Plan Qualité)

- Contrôles
- Échantillonnage statistique
- Commentaires des clients
- Examen de la demande de modification

RÉSUMER

- ✓ Le facteur clé pour terminer un projet dans les délais et dans les limites du budget est de commencer à mesurer les progrès tout au long de son exécution.

- ✓ En comparant les coûts prévus et réels, vous saurez si le projet progresse comme prévu (s'il respecte ou dépasse le budget).

- ✓ L'écart de calendrier est la différence entre la valeur du travail dont l'achèvement était prévu et la valeur du travail qui a été réellement achevé (si c'est dans les délais ou en retard).

- ✓ Les techniques de mesure des progrès et d'obtention des KPI dépendront également de la méthodologie de gestion utilisée dans chaque projet.

- ✓ Afin de contrôler la qualité des livrables pendant l'exécution du projet, nous devons suivre notre plan de qualité, en gardant toujours à l'esprit quelle qualité minimale sera considérée comme acceptable pour la satisfaction du client sur le produit/service final.

Rapports exécutifs

Pendant l'exécution du projet, il n'est pas seulement important de contrôler et de mesurer l'évolution de notre projet. Il s'agit d'informer efficacement les parties prenantes de son état avec une fréquence appropriée et de manière efficace. Comme vous l'avez peut-être déjà deviné... oui, c'est aussi la responsabilité du project manager ☺

Des rapports de synthèse périodiques sur l'évolution du projet sont toujours très importants pour maintenir l'intérêt, l'engagement et le soutien des parties prenantes. Cela vous donnera également la confiance des clients, surtout si

UNIQUEMENT les informations **PERTINENTES** sont partagées, mais pas trop et inutiles.

Un autre aspect important est d'être totalement transparent sur ce qui se passe dans le projet, qu'il s'agisse de bonnes ou de mauvaises nouvelles. Plus vous serez sincère et proactif en tant que project manager avec les informations à faire connaître par les parties prenantes, mieux cela prendra de malédiction.

Les données ne sont pas seulement des informations. La **compétence de traduire tous les documents et données aboutit à un résumé de l'état du projet facilement compréhensible,** est l'une des meilleures compétences qu'un gestionnaire puisse maîtriser.

À cette fin, il existe aujourd'hui de nombreux outils efficaces (par exemple : Power Point, Power BI, Tableau, etc.) afin d'élaborer un résumé précieux des dernières mises à jour et informations pertinentes du projet dans un rapport exécutif bien structuré.

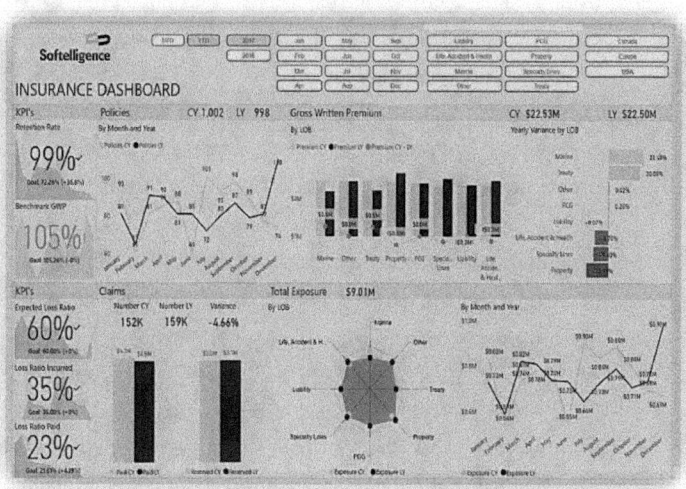

Quel que soit l'outil utilisé pour cela, voici quelques conseils importants pour résumer l'état et l'avancement du projet dans un rapport d'exécution destiné aux clients ou à d'autres parties prenantes clés.

- o Plus le rapport est bref et clair, mieux c'est. Sa mission est de partager en un coup d'œil les informations importantes du projet. Au cas où quelqu'un aurait besoin d'approfondir un point spécifique, il y aura des documents et du matériel pour cela.

- o Les principales mises à jour sur l'avancement du projet doivent être facilement visibles.

- o Doit toujours contenir des points de blocage actuels pour le calendrier, ou des décisions importantes à prendre ou à accepter.

- o Mise à jour également sur la liste actuelle des risques du projet et ses plans d'urgence.

- o Prochaines étapes à faire, ainsi que l'attribution d'un propriétaire pour chacun d'eux, selon l'échéancier et le contenu du projet.

- o En général, un résumé indiquant si le projet est "sur la bonne voie" ou plutôt tout changement dans la planification initiale est nécessaire.

Des exemples de rapports exécutifs sur l'état du projet peuvent être :

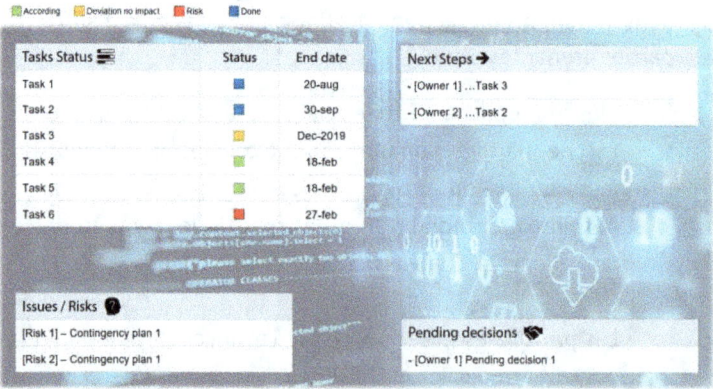

Project Control Panel

Scope Block	Team	Task	State	Owner	End Date	Observations
Analysis			FINISHED			
Design			PENDING			
Design			FINISHED			
Implementation			FINISHED			
Implementation			FINISHED			
Implementation			IN PROGRESS			
Implementation			IN PROGRESS			
Implementation			PENDING			
Implementation			FINISHED			
Implementation			FINISHED			
Test			FINISHED			
Test			FINISHED			
Release			FINISHED			
Monitor			FINISHED			

RÉSUMER

✓ Il est très important d'informer efficacement les parties prenantes de l'état du projet avec une fréquence appropriée et de manière efficace en élaborant des rapports exécutifs.

✓ La compétence de traduire tous les documents et données aboutit à un résumé de l'état du projet facilement compréhensible, est l'une des meilleures compétences qu'un gestionnaire puisse maîtriser.

✓ Quel que soit l'outil utilisé pour élaborer ces rapports, il est toujours important d'être facilement lisible, avec un résumé indiquant si le projet est "sur la bonne voie" ou si un changement dans la planification initiale est nécessaire.

La gestion du changement

Il est presque inévitable que pendant l'exécution du projet, comme dans la vie, des changements soient nécessaires provenant de différentes sources ou parties prenantes. L'action ici du project manager est essentielle pour gérer avec succès ces changements, en essayant de les adapter à le contenu et au calendrier initiaux, tout en essayant en même temps de maintenir les attentes et la satisfaction des parties prenantes vis-à-vis du projet. Comme vous pouvez l'imaginer, ce n'est jamais une tâche facile.

Voici quelques- **unes des principales raisons fréquentes pour** lesquelles un projet peut subir des demandes de modification :

- o   Mauvais processus de collecte des exigences au début de la planification du projet.
- o   Ne pas considérer toutes les parties prenantes impactées par le projet lors de sa définition.
- o   Nouvelles nécessités commerciales du client.
- o   Autres événements extérieurs inconscients du projet (nouvelles lois réglementaires, force majeure...etc).

La gestion du changement varie tellement en fonction de la méthodologie utilisée pour gérer le projet. Par exemple, il est tellement critique et difficile de faire face à de nouvelles exigences ou à des changements lors de l'exécution d'une méthodologie classique (en cascade).

Cependant, avec une méthodologie agile, fréquemment appliquée aux implémentations de technologies de l'information par exemple, il est tellement courant que lors de l'exécution des sprints, de nouvelles exigences ou modifications soient nécessaires, et de devoir continuellement hiérarchiser avec le client et les parties prenantes ces nouvelles nécessités dans le backlog ou liste de choses à faire.

Dans tous les cas, les project managers doivent être en charge d'équilibrer le projet (Contenu - temps - coût) avec la sensibilisation des parties prenantes en cas de changements nécessaires. En général, voici les principales tâches à accomplir lorsqu'une demande de changement arrive pendant l'exécution du projet :

- o   Redéfinissez le contenu (structure de répartition du travail) avec les nouvelles exigences.
- o   Estimez-les et redéfinissez le nouveau calendrier.
- o   Recalculer le budget nécessaire pour exécuter le nouveau calendrier.

Si après ces étapes, le client et les principales parties prenantes acceptent le nouveau plan de projet mis à jour avec les nouvelles modifications nécessaires, l'exécution du projet reprendra selon ce nouveau planning.

Si ce n'est pas le cas, le project manager doit commencer à équilibrer le triangle Contenu - temps - coût, en essayant d'ajuster la nouvelle situation au calendrier, au budget et à le contenu actuels.

Une autre option possible à envisager est une **livraison progressive du produit/service.** Dans une situation où le projet ne peut pas fournir le produit/service complet dans les délais, il est toujours possible qu'il en fournisse une partie utile. Les systèmes d'information composés de plusieurs sous-systèmes, par exemple, mettront souvent en œuvre un sous-système à la fois. Ainsi, dans de nombreux cas, il existe cette option pour fournir plus d'un produit/service au cas où certaines fonctionnalités supplémentaires seraient demandées lors de sa mise en œuvre.

Dans tous les cas, **réduire la qualité des produits/services n'est pas une option,** jamais, pour de nombreuses raisons. Etant donné que les deux caractéristiques de la qualité d'un produit sont la fonctionnalité et la performance, si l'on envisage de réduire la qualité d'un produit/service livrable afin de respecter un délai ou de ne pas dépasser un budget mal calculé, après cela, on subira sûrement des résultats négatifs, comme :

- o Clients insatisfaits.
- o Perte de réputation en tant que project managers.
- o Perte de réputation de notre entreprise employeur.
- o Devoir parfois retravailler au cas où les clients le réclameraient pour payer ce produit ou service, avec le surcoût que cela peut représenter pour le budget initial.

Les project managers doivent toujours également **différencier les demandes de changement des incidents/bugs détecté** pendant l'exécution ou le processus de validation. Par exemple, un client peut prétendre qu'un livrable n'a pas toutes les fonctionnalités nécessaires, ou même fonctionne mal. Dans ces cas, **les project managers**

doivent toujours utiliser le plan de projet initial pour vérifier si ce livrable répond vraiment ou non aux exigences initiales exigées par le client. Si tel est le cas, la réclamation du client sera traitée comme une nouvelle demande de modification. La gestion de ces scénarios avec les clients et les parties prenantes tout au long de l'exécution du projet doit être au centre de l'attention.

RÉSUMER

- ✓ Les project managers sont toujours responsables de la gestion des attentes et de l'engagement des parties prenantes lorsque des demandes de changement surviennent dans le projet.

- ✓ Certaines des principales raisons pour lesquelles un projet peut subir des demandes de modification sont un processus de collecte des exigences médiocre, ne tenant pas compte de toutes les parties prenantes impactées par le projet, ou simplement de nouvelles nécessités commerciales du client.

- ✓ La gestion du changement varie radicalement en fonction de la méthodologie de projet utilisée.

- ✓ Réduire la qualité des produits/services n'est pas une option, jamais.

- ✓ Faire la différence entre les demandes de changement et les incidents/bogues détectés pendant l'exécution du projet en utilisant le plan de projet initial convenu devrait être le principal travail du project manager.

Résoudre les problèmes courants du projet

La plupart du temps de gestion d'un projet est consacré à la gestion de problèmes, de conflits ou à la gestion de différentes situations qui nécessitent un haut niveau d'empathie et d'intelligence émotionnelle de la part du project manager.

La science de la gestion de projet nous donne la capacité de calculer des échéanciers, de calculer des budgets, de prévoir les besoins en ressources, de mesurer les performances, d'estimer les probabilités de risque, et bien plus encore, accompagné d'outils softwares qui nous aident actuellement à exécuter ces processus.

Cependant, les ordinateurs ne gèrent pas les projets, donc livrer un projet de manière appropriée signifie surmonter les problèmes qui surviennent sur des projets de toute taille et de toute industrie.

Voici quelques-unes des **situations les plus typiques** qui peuvent survenir lors de l'exécution d'un projet :

- <u>Le projet n'est pas assez soutenu par les directeurs managers</u>
  Tout projet ne peut être mené à bien si ses objectifs et sa vision ne sont pas bien soutenus par son sponsor principal et son conseil d'administration. C'est un fait. Avec ce manque de soutien, il est très fréquent que l'équipe ne consacre pas suffisamment de temps aux tâches qui lui sont assignées, en raison d'autres projets ou efforts plus prioritaires. Un projet démarrera en règle s'il bénéficie de l'intérêt et du soutien appropriés du conseil d'administration et des administrateurs impliqués.

- <u>Manque d'autorité</u>
  Lorsque les projets dépassent les frontières organisationnelles, vous pouvez soudainement vous retrouver à dépendre de personnes sur lesquelles vous n'avez aucune autorité. Ils ne travaillent ni pour vous ni pour votre parrain. Dans ces cas, afin de conserver l'enthousiasme et l'engagement de ces membres « externes » de l'équipe, certaines techniques peuvent être appliquées par le project manager. Par exemple, demander le double soutien du parrain dans cette affaire, lui expliquer très bien la raison du projet, l'impliquer dans toutes les communications du projet, rendre les missions faciles à comprendre et à suivre, et lui

donner des mises à jour sur le projet même pendant les périodes lorsqu'ils ne sont pas activement impliqués.

- <u>Reprise après sinistre</u>

    Dans les cas où un projet déraille énormément, par exemple après avoir manqué plusieurs étapes importantes du calendrier ou pour d'autres raisons critiques, la meilleure chose à faire dans ces cas en tant que project manager serait :

    - Hiérarchisez le contenu restant et clarifiez les sanctions en cas de non-respect de la date limite ou de dépassement de budget.

    - En ce qui concerne le plan de projet, déterminez le meilleur scénario de calendrier possible. À partir de ce moment, nous pouvons négocier plus de ressources, plus de temps ou moins de Contenu (ou les trois) en fonction de notre plan. Nous pouvons également utiliser notre calendrier de chemin critique pour montrer à la direction et au sponsor les ressources dont nous aurons besoin pour réaliser le projet le plus rapidement possible.

    - Faites une estimation réaliste des lots de travaux et incluez l'équipe dans le processus d'estimation. De cette façon, l'équipe sera plus engagée et moins frustrée par le calendrier.

    - Des réunions d'état fréquentes axées sur l'exécution de tâches à court terme nous permettront de suivre les progrès et de résoudre les problèmes plus tôt.

- <u>Réduction du temps de mise sur le marché</u>
  La vitesse compte dans chaque industrie. Dans ce monde globalisé et en évolution dans lequel nous vivons, le temps de commercialisation est un aspect critique dans la plupart des nouveaux projets, en particulier ceux qui tentent de lancer un nouveau produit ou service sur le marché.

  Une première approche pour ce genre de situation serait que, compte tenu du délai fixé pour le lancement commercial, nous nous concentrions sur l'établissement d'un *calendrier de rétro-planning*, estimant et reliant toutes les tâches interdépendantes du périmètre tout en construisant à l'envers notre calendrier. De cette façon, nous pourrons déterminer quelle devrait être notre date de début afin de respecter le délai imparti.

  Une autre option peut également être de convenir avec le sponsor du contenu initial pour un premier lancement d'une Contenu de produit à valeur minimale (MVP) qui respectera sûrement la date limite, et après avoir reçu les premiers commentaires des clients de ce MVP initial, pour continuer mettre en œuvre les fonctionnalités restantes de notre produit ou service. Cette approche est couramment utilisée dans les méthodologies agiles couramment appliquées dans les industries des technologies de l'information.

- Les clients retardent le projet ou modifient radicalement le contenu ou les objectifs du projet

  Dans le cas où le client ou sponsor principal est à l'origine du point de blocage dans le projet, il faut toujours essayer de rediriger la situation vers le plan initial, tout en gardant l'équipe dédiée aux tâches assignées qui ne sont pas concernées par ce blocage.

  Dans le cas où ce retard se poursuivrait, nous devrions déterminer les impacts sur le coût et le calendrier du retard. Même si ce point bloquant n'est pas sur le chemin critique, il peut y avoir des coûts associés à la modification de notre plan. Nous documenterons la raison du retard ainsi que les impacts sur les coûts et le calendrier, et le signalerons dès que possible au client et aux principales parties prenantes.

- De nouvelles exigences arrivent continuellement dans le projet

  Ce scénario a déjà été mentionné dans le chapitre précédent concernant la gestion du changement. De toute évidence, le temps d'un projet ne peut pas être consacré en permanence à recevoir de nouvelles exigences, à redéfinir le contenu, à réestimer de nouvelles tâches et à recalculer le budget... etc.

  Le project manager doit traiter ces situations en s'accordant avec le commanditaire et toutes les parties prenantes impliquées sur le contenu initiale du projet. Dans le cas où de nouvelles exigences sont souhaitées pour le produit/service final, il faut décider si celles-ci seront dans une phase future après la livraison de le contenu définie initiale.

RÉSUMER

- ✓ Réaliser un projet de manière appropriée signifie surmonter les problèmes qui surviennent sur des projets de toute taille et de toute industrie.

- ✓ La plupart du temps de gestion d'un projet est consacré à la gestion de problèmes, de conflits ou de situations différentes qui doivent être résolues principalement par le project manager.

- ✓ La plupart des situations typiques décrites dans ce chapitre peuvent être évitées en assurant ces **facteurs suivants qui feront de tout projet un succès** :

    1) **Accord** entre l'équipe de projet, le client et la direction **sur le**s objectifs du projet.

2) Un plan qui montre **un cheminement global et des responsabilités claires,** qui est également utilisé pour mesurer les progrès au cours du projet.

3) **Une communication constante et efficace** entre toutes les personnes impliquées dans le projet.

4) **Une Contenu maîtrisée** durant toute son exécution.

5) **Appui à la gestion**.

BLOC 5 : *Fermeture du projet*

Une fois que tous les travaux ont été effectués et validés, il est temps de lancer officiellement notre nouveau produit/service sur le marché ou de le livrer à l'utilisateur/client principal.

Ce processus de fermeture est effectué pour finaliser toutes les activités, les obligations contractuelles et considérer officiellement le projet comme terminé.

Lors de la fermeture d'un projet, les tâches suivantes doivent se produire :

- Obtenir l'acceptation du client ou du sponsor pour fermer formellement le projet.

- Documenter les leçons apprises de l'exécution du projet et les situations résolues.

- Archivez tous les documents de projet pertinents à utiliser comme données historiques pour les projets futurs.

- Fermer toutes les activités d'approvisionnement en garantissant la résiliation de tous les accords pertinents.

Le principal avantage de ce processus final est qu'il fournit des leçons apprises, ainsi qu'une fin formelle des travaux du projet afin de libérer des ressources pour poursuivre de nouvelles initiatives à venir.

Produit final / prestation de service

Cela signifie réaliser la transition du produit, du service ou du résultat final que le projet était autorisé à produire à partir de la définition initiale.

Cela signifie également d'atteindre l'étape principale du projet, lorsque toutes les exigences exigées par les parties prenantes sont remplies.

Évidemment, il existe tellement de façons différentes de livrer un produit/service/résultat final au client, en fonction du type et de la nature du projet lui-même. Que ce produit / service final soit une nouvelle version d'une solution software d'entreprise, un outil physique ou un service professionnel demandé, toutes les livraisons finales ont un minimum de détails en commun pour assurer la satisfaction du client et une bonne expérience utilisateur.

Voici quelques points importants à considérer avant de livrer un produit ou un service à un client :

- Tests de validation basés sur des cas d'utilisation qui répondent aux exigences du projet.

- Canal de communication choisi pour effectuer la livraison.

- Considérez également s'il y aura une seule livraison ou plusieurs, en fonction des différentes étapes et phases convenues dans la planification initiale du projet.

- Utilisez des informations historiques ou des leçons tirées de projets antérieurs avec ce client ou une Contenu similaire.

Valider et associer chaque cas de test à son exigence initiale satisfaite est un facteur clé de succès dans toute livraison de produit/service final.

Voici quelques exemples de plan de test matriciel basé sur les exigences initiales du projet :

Req No	Req Desc	Testcase ID	Status
123	Login to the application	TC01,TC02,TC03	TC01-Pass TC02-Pass
345	Ticket Creation	TC04,TC05,TC06,TC07,TC08,TC09 TC010	TC04-Pass TC05-Pass TC06-Pass TC06-Fail TC07-No Run
456	Search Ticket	TC011,TC012,TC013,TC014	TC011-Pass TC012-Fail TC013-Pass TC014-No Run

Current Condition			Importance		
3	Meets Specification		9	High	
2	Undetermined		3	Medium	
1	Does Not Meet		1	Low	

Specification Number	Importance	Associated Test Plan	Source	Subsystem	Specification (metric)	Specification (units)	Marginal Value	Ideal Value	Comments/Status	Concluded Condition
S1	9	Airflow System Functionality	ER	Air pump and valves	Atmosphere reclaim	psi	0.05	0		2
S2	9	Airflow System Functionality	ER	Air pump and valves	Pressure	psi	0.05	0		2
S3	9	Airflow System Functionality	ER	Air pump and valves	Inflation cycles	cycles	40	50		2
S4	9	Hatch and Vacuum Barrier-Bulkhead Interface Seal	ER	Bulkheads	Pressure	psi	0.1	0.5		2
S5	3	Hatch and Vacuum Barrier-Bulkhead Interface Seal	ER	Bulkheads	Qualitative auditory and visual assessment	-	-	-		2
S6	3	Threaded Rod Deployment	ER	Deployment	Time elapsed	mm	5	-		2
S7	3	Threaded Rod Deployment	ER	Deployment	Deployment length	inches	16	18		2
S8	3	Threaded Rod Deployment	ER	Deployment	Time elapsed	sec	15	20		2
S9	3	Threaded Rod Life Cycle Durability	ER	Deployment	Deployment cycles	cycles	40	50		2
S10	3	Electrical IC Test	ER	Electrical	Voltage	V	3.6 and 6.5	3.3 and 5		2
S11	3	Electrical IC Test	ER	Electrical	Signal	SNR?	40 dB	50 dB		2
S12	3	Electrical IC Test	ER	Electrical	Continuity	Ohms	3	0		2
S13	3	Electrical IC Test	ER	Electrical	Voltage	V	12, 24	12, 24		2
S14	3	Electrical IC Test	ER	Electrical	Current	A	1.1	1.1		2
S15	3	Handles and Handle Attachment	ER	Ergonomic	Visual assessment	-	-	-		2
S16	3	Handles and Handle Attachment	ER	Ergonomic	Time elapsed	mm	3	-		2
S17	3	Testing Rig Force Recoil	ER	Testing Rig	Deployment length	inches	1	0		2
S18	3	Frictional and Guidance System	ER	Testing Rig	Time elapsed	sec	15	20		2
S19	3	Vacuum Barrier Material Strength	ER	Vacuum Barrier	Tensile Strength Test	psi	66.7	133		2
S20	3	Vacuum Barrier Bonding Seal Test	ER	Vacuum Barrier	Qualitative Test	-	-	-		2
S21	3	Soft Structure Durability and Sealing	ER	Vacuum Barrier	Pressure sensor sealing	psi	0.4	0.5		2
S22	3	Soft Structure Durability and Sealing	ER	Vacuum Barrier	Qualitative auditory and visual assessment	-	-	-		2
S23	3	Soft Structure Durability and Sealing	ER	Vacuum Barrier	Pressure cycles	cycles	40	50		2
S24	3	Soft Structure Durability and Sealing	ER	Vacuum Barrier	Time elapsed	sec	15	20		2

RÉSUMER

- ✓ La livraison finale du produit / service signifie atteindre l'étape principale du projet, lorsque toutes les exigences exigées par les parties prenantes sont satisfaites.

- ✓ Afin d'assurer la satisfaction du client et une bonne expérience utilisateur, certains aspects doivent être pris en compte lors de la livraison d'un produit/service final au client, comme associer chaque cas de test avec son exigence initiale satisfaite, le canal de communication choisi pour effectuer la livraison.

- ✓ Un plan de test matriciel est extrêmement utile dans ce sens pour assurer le succès de toute livraison de produit / service final.

Acceptation finale du client

Tous les types de projets doivent être considérés comme terminés avec l'acceptation finale appropriée du client ou du sponsor du produit / service / résultat final livré. La vraie preuve que le projet est terminé vient du client.

L'acceptation formelle du produit fini, ou la reconnaissance de l'achèvement de la phase, signifie que le travail est terminé. Les project managers doivent planifier l'acceptation du client dès le début. Vous devrez être clair sur la forme que cela prendra et sur le travail nécessaire pour y parvenir.

Le processus d'acceptation peut être long, y compris des tests et une évaluation approfondis qui commencent bien avant que la « signature finale » ne soit faite. En ce sens, l'importance des tests d'acceptation des utilisateurs (UAT) est extrêmement pertinente dans de nombreux projets. Les project managers doivent préparer ce plan de test une fois que toutes les exigences ont été définies dans notre périmètre, de sorte qu'une fois ces exigences mises en œuvre/exécutées, l'utilisateur peut valider chacune d'entre elles dans un plan de test d'acceptation utilisateur complet.

Exemple :

ID	Functional Block	Name	Test Description	Expected Result	Test State	Linked requirement	Observations	Priority	Evidence
UAT-001									
UAT-002									
UAT-003									
UAT-004									
UAT-005									
UAT-006									
UAT-007									
UAT-008									

Il est également habituel d'organiser une réunion finale en tant que « démo » de la solution ou du produit final livré. Juste après cette réunion, un document final de fermeture du projet doit être partagé et signé pour les deux parties afin de fermer officiellement le projet.

RÉSUMER

✓ La véritable preuve que le projet est terminé vient du client, une fois qu'il est formellement accepté.

✓ L'importance des tests d'acceptation par l'utilisateur (UAT) est extrêmement pertinente dans de nombreux projets afin de valider chaque exigence à partir de le contenu initiale convenue avec le client et les parties prenantes.

Leçons apprises et info historique précieuse

Lorsque chaque projet est terminé et fermé, après son exécution, il produit toujours beaucoup de documents, d'informations et de nombreuses situations qui doivent être enregistrées et sauvegardées.

Toutes ces informations seront certainement utilisées à l'avenir pour d'autres projets afin de les enrichir de précieuses connaissances et leçons apprises.

De plus, la production d'un rapport sur les leçons apprises et l'organisation de la documentation du projet présentent des opportunités d'amélioration des processus ou, dans le cas du project manager, d'amélioration personnelle.

Concernant les différents types de documents et leçons apprises :

- Analyse des causes profondes des problèmes rencontrés.
- Raisonnement derrière l'action corrective choisie.
- Autres types de leçons apprises sur la gestion des parties prenantes.

Les leçons apprises sont documentées et diffusées, et font partie de la base de données historique du projet et de l'organisation réalisatrice.

A propos de l'auteur

Carlos Fernández est un ingénieur espagnol qui a passé la majeure partie de sa carrière à gérer des projets pour des sociétés de soutien commercial et opérationnel, avec une connaissance éprouvée des dernières technologies requises dans les industries des télécommunications et de l'informatique.

Certifié en tant que gestionnaire de projet professionnel (PMP®) depuis 2017 et ScrumMaster depuis 2016. Avec l'expérience et les compétences nécessaires pour diriger différents projets de grande envergure.

Amateur de cinéma, de musique et de tennis, désireux d'être proactif et d'apprendre constamment vers de nouveaux domaines de connaissances.

Références

Tuckman et Jensen, 1977

Shewhart & Deming - "Planifier - Faire - Vérifier - Agir" (PDCA)

"A Guide to the Project Management Body of Knowledge Guide" - (Guide PMBOK®) - Cinquième édition

"Le MBA Fast Forward en gestion de projet, Ed.2" - Wiley 2005.

« ISO 9000-2015 » - Organisation internationale de normalisation

www.ingramcontent.com/pod-product-compliance
Lightning Source LLC
Chambersburg PA
CBHW071503220526
45472CB00003B/903